PRINCÍPIOS ESPIRITUAIS

PARA **FORTALECER A FÉ**

EM MEIO ÀS TEMPESTADES

DA VIDA

MULHERES INABALÁVEIS

Copyright © 2023 por Michele Cushatt
Publicado originalmente por Zondervan (Grand Rapids, Michigan, EUA),
uma empresa da HarperCollins Christian Publishing.
Licenciamento intermediado por Silvia Bastos Agencia Literaria (Barcelona,
   Espanha).

1ª edição: abril de 2025

Tradução: Ana Paula Argentino
Revisão: Victor Hugo Tosta (copidesque) e Ana Mendes (provas)
Projeto gráfico e diagramação: Sonia Peticov
Capa: Julio Carvalho
Editor: Aldo Menezes
Coordenador de produção: Mauro Terrengui
Impressão e acabamento: Imprensa da Fé

As opiniões, as interpretações e os conceitos desta obra são de responsabilidade de quem a escreveu e não refletem necessariamente o ponto de vista
da Hagnos.

Todos os direitos desta edição reservados à

EDITORA HAGNOS LTDA.
Rua Geraldo Flausino Gomes, 42, conj. 41
CEP 04575-060 – São Paulo, SP
Tel.: (11) 5990-3308

E-mail: editorial@hagnos.com.br | Home page: www.hagnos.com.br
Editora associada à Associação Brasileira de Direitos Reprográficos (ABDR)

Dados Internacionais de Catalogação na Publicação (CIP)

Cushatt, Michele
  Mulheres inabaláveis : princípios espirituais para fortalecer a fé em
  meio às tempestades da vida / Michele Cushatt ; tradução de Ana Paula
  Argentino. – São Paulo : Hagnos, 2025.

ISBN 978-85-7742-615-7
Título original: A Faith That Will Not Fail

1. Fé 2. Mulheres 3. Vida cristã I. Título II. Argentino, Ana Paula

25-0865   CDD 234.23

Índices para catálogo sistemático:
1. Fé

Angélica Ilacqua CRB-8/7057

Para quem sofre e ainda deseja crer:
As orações de Jesus também são para você.

Estejam alertas e vigiem. O Diabo, o adversário de vocês, ronda como um leão, rugindo e procurando a quem devorar. Resistam-lhe, permanecendo firmes na fé, sabendo que os irmãos que vocês têm em todo o mundo estão passando pelos mesmos sofrimentos. Deus de toda a graça, que os chamou para a sua glória eterna em Cristo Jesus, depois de vocês terem sofrido por pouco tempo, os restaurará, os confirmará, os fortalecerá e os porá sobre firmes alicerces. A ele seja o poder pelos séculos. Amém.

Com a ajuda de Silvano, a quem considero irmão fiel, escrevi resumidamente, encorajando os e testemunhando que esta é a verdadeira graça de Deus. Mantenham-se firmes na graça de Deus. Mantenham-se firmes na graça de Deus (1Pedro 5:8-12).

SUMÁRIO

Agradecimentos 11

Endossos 13

Introdução: Uma fé decadente 17

PARTE 1: A PRÁTICA DA LAMENTAÇÃO

Dia 1: Lamentando a vida indesejada 31

Dia 2: O propósito da lamentação 35

Dia 3: Lamentando nossas perdas terrenas 39

Dia 4: Lamentando nossas perdas espirituais 43

Dia 5: O dom de compartilhar o sofrimento 47

PARTE 2: A PRÁTICA DO LOUVOR

Dia 1: A beleza de Deus 53

Dia 2: A ira de Deus 57

Dia 3: A presença de Deus 61

Dia 4: Sedentos por Deus 65

Dia 5: Quando os quebrantados adoram 69

PARTE 3: A PRÁTICA DA HUMILDADE

Dia 1: Vendo meu verdadeiro eu 75

Dia 2: Sem desculpas 79

Dia 3: A liberdade da confissão 83

Dia 4: A postura da humildade 87

Dia 5: O refúgio da misericórdia 91

PARTE 4: A PRÁTICA DA RENÚNCIA

Dia 1: A busca incessante pelo controle 97

Dia 2: O alívio de abrir mão 101

Dia 3: Não segure demais as rédeas da sua vida 105

Dia 4: Confiar sem garantias ou condições 108
Dia 5: Render-se completamente 112

PARTE 5: A PRÁTICA DA SATISFAÇÃO

Dia 1: A armadilha da prerrogativa 119
Dia 2: Não se esqueça 123
Dia 3: Uma vida cheia de gratidão 127
Dia 4: O outro lado da generosidade 131
Dia 5: Suficiente 135

PARTE 6: A PRÁTICA DO *SHALOM*

Dia 1: Ser completo 141
Dia 2: O alívio da solidão 145
Dia 3: Feita para o descanso sabático 149
Dia 4: A paz em meio ao medo 153
Dia 5: Vivendo o *shalom* 157

PARTE 7: A PRÁTICA DO PERDÃO

Dia 1: As acusações contra Deus 163
Dia 2: As acusações contra mim 167
Dia 3: O preço do perdão 171
Dia 4: A paz do perdão 175
Dia 5: O trabalho árduo da reconciliação 179

PARTE 8: A PRÁTICA DA PERSPECTIVA

Dia 1: Aproveitando o milagre 187
Dia 2: A sala de aula do mundo 191
Dia 3: Os tesouros na escuridão 195
Dia 4: Sonhando com o céu 199
Dia 5: Conhecendo Deus 203

PARTE 9: A PRÁTICA DO VÍNCULO

Dia 1: O conforto do vínculo 209
Dia 2: O presente do vínculo 213

Dia 3: A santidade da comunhão · 217
Dia 4: Entregando-se · 221
Dia 5: Desconhecidas e amigas · 225

PARTE 10: A PRÁTICA DA ESPERA

Dia 1: Aterrada · 231
Dia 2: Com os olhos no prêmio · 236
Dia 3: Expectativa confiante · 241
Dia 4: Pronta para o retorno · 246
Dia 5: Vivendo na espera · 251

Conclusão: A fé que não falhará · 255
Notas · 263

AGRADECIMENTOS

Quanto mais tempo vivo deste lado do céu, fico mais ciente da nossa interdependência inevitável. Ninguém chega nesse momento da linha do tempo da vida sem sofrer a influência coletiva – grande ou pequena, visível ou invisível – das milhares de pessoas que atravessaram nosso caminho e deixaram uma marca nele. Minha peregrinação como mulher, soldada da fé e escritora não é uma exceção.

Não vou tentar citar todos os nomes, porque preencheriam muitas páginas, e ainda assim esqueceria de citar alguns. Mas para este livro, quero mencionar quem aguçou minha fé; aquelas raras e poucas pessoas que me permitiram ter o espaço e a graça de fazer perguntas difíceis, para dar voz às minhas dúvidas e emoções, para lutar com o que conheço e desconheço (mais esta do que aquela), e que comemoram comigo que, de certa forma, tropeçamos no caminho para uma fé um pouquinho mais forte e mais refinada do que outrora. Aleluia. Esses homens e mulheres sábios, alguns ainda vivos e outros mais vivos ainda devido à morte, são parte da minha "nuvem de testemunhas". E este livro e minha fé estão bem melhores.

Yvette. Juli. Bev. Vickie. Shantell. Angela. Tiffany. Carolyn. Brian. Andrew. Tangie. Danette. Adele. Patsy. Kathi. Susy. Cheri. Julie. Rhonda. Brianne. Bethany. Susan. Kate. Minha mãe. Meu pai.

E a Jesus, o único que intercedeu pela minha fé antes mesmo de eu saber que precisava dela e que me chamou para segui-lo mesmo sabendo que eu certamente cairia. Sua graça ainda tira meu fôlego. Tudo isso é para Ele. Todo o percurso para casa.

ENDOSSOS

Para aquelas que desejam ter o tipo de fé que pode suportar as piores circunstâncias, Michele Cushatt escreveu um guia prático e profundamente encorajador que vai ao encontro da sua necessidade. Quer você esteja lutando com dúvidas, suportando um período difícil ou simplesmente queira aprofundar sua confiança em um Deus que vê você e está ao seu lado, este é um recurso confiável. Você não apenas vai ganhar novos insights e força renovada, mas vai descobrir que Michele é aquela amiga que entende tudo.

— Alli Worthington, escritora.

Em *Mulheres inabaláveis*, descobrimos o coração de Michele Cushatt por Deus, pela Palavra e pelos cristãos brilhando em cada página. Sua sabedoria é conquistada com muito esforço e suas experiências repercutem. As dez práticas espirituais pelas quais ela nos conduz são profundamente simples e necessárias. Em meio à nossa cultura da pressa, Michele nos chama a lamentar, abrir mão, sermos contentes, estarmos em paz. Um recurso lindo e oportuno.

— Liz Curtis Higgs, escritora.

Mulheres inabaláveis faz mais do que promete, oferecendo sabedoria prática para construir uma fé que não apenas sobrevive, mas se desenvolve em tempos difíceis. Esta é uma leitura obrigatória para qualquer um que queira permanecer apaixonado — e na missão — por Jesus quando do surgem as nuvens de tempestade.

— Craig A. Smith, PhD, pastor titular da igreja Mission Hills; escritor.

Nós nos tornamos mais como Jesus quando praticamos o que Ele praticou. Michele Cushatt tece histórias profundamente relacionáveis com verdades fundamentais de práticas espirituais que todas nós podemos adotar como nossas. Como uma mulher sábia que costura sua história no tecido da vida, Michele articula um padrão útil sobre como viver uma fé que não falhará. Eu recomendo muito este livro.

— Elisa Morgan, escritora.

Este devocional é diferente de qualquer outro que eu já li. Não é um encorajamento conciso para o cristão distraído. Ao contrário, é uma jornada corajosa de apego a Deus para aqueles cujos corações foram arrebatados pela dor e pela dúvida. Michele diz a verdade porque ela vive a verdade. Ela é a mulher de Hebreus 11 em nossa época. "Pela fé" você vai se juntar a ela?

— Juli Slattery, escritora.

Se você se encontra desejando ter uma fé que possa suportar as tempestades inevitáveis da vida, este lindo livro é para você. A respeitada pensadora e autora cristã Michele Cushatt oferece um guia acessível e honesto para uma fé duradoura, mas sem se apoiar em respostas fáceis e em clichês. Em *Mulheres inabaláveis*, Michelle oferece dez práticas antigas (e às vezes surpreendentes) que nos ajudarão a ir mais longe.

— Jennifer Dukes Lee, autora de *Tudo sob controle* (Hagnos).

A mestre contadora de histórias Michele Cushatt entrelaça experiências da vida real com percepções bíblicas e sabedoria de vozes cristãs confiáveis para nos guiar por dez práticas poderosas e transformadoras da vida, da humildade e do lamento à satisfação e ao vínculo. *Mulheres inabaláveis* é um daqueles livros raros que você vai querer ler, estudar, presentear e reler várias vezes.

— Jodie Berndt, escritora.

Aprendi nos últimos anos que Deus quer usar o sofrimento para edificar nossa fé. Também aprendi que ter uma amiga que entende minhas perguntas, meus choros e minha confusão é um presente raro. Em *Mulheres inabaláveis*, Michele Cushatt nos convida a testemunhar sua jornada da construção da fé – não para impressionar, mas para nos lembrar de que não estamos sozinhas. Vivificante e prático, o meu exemplar com orelhas, grifos e marcas de lágrimas ganhou um lugar permanente entre outros livros favoritos consagrados pelo tempo.

— Stacey Thacker, escritora.

Embora muitas vezes tentemos simular a fé por meio da determinação e da tensão, *Mulheres inabaláveis* nos lembra de que a verdadeira fé é encontrada nos lugares baixos. Michele gentilmente nos leva a práticas contraintuitivas que afrouxam nosso controle, levando-nos à fraqueza e à rendição, o caminho onde Deus concede a fé.

— Amy Carroll, escritora.

Lembro-me de ler *Experiencing God* [Vivenciando Deus] de Blackaby e do quanto esse livro foi impactante para minha fé. Ao me aprofundar em *Mulheres inabaláveis*, senti a mesma esperança. Este livro está destinado a tornar-se um clássico para ajudar os crentes a edificarem discípulos espirituais que vão fundamentar e acender a fé.

— Suzanne Eller, escritora.

Uau. Que livro maravilhoso. Se você precisa de ajuda para navegar pelas coisas sem sentido, dolorosas e totalmente terríveis que geralmente vêm com a vida em um mundo decadente, este livro é para você. Eu me vi chorando em um momento, mas sorrindo no outro. Pois através de tudo isso, Michele mostra como encontrar o Deus que está conosco e trabalhando em nosso favor, ajudando-nos a construir uma fé que não falhará.

— Joanna Weaver, escritora.

Divulgação total: Michele e eu somos amigas, e eu a vi viver muito do que ela compartilha em seu novo devocional, *Mulheres inabaláveis*. A razão pela qual menciono isso é porque neste livro ela compartilha o que realmente funcionou para ela. Isto não é teoria. Não são promessas cheias de esperança e não testadas. Estas são as ações que Michele tomou, as orações que ela fez, as mudanças no pensamento que ela teve. Sua vida é a prova de que o que está contido neste livro ajudou-a a se recuperar, restaurar e curar; e ela agora está compartilhando tudo com todas nós. Que presente!

— Kathi Lipp, escritora.

Durante anos, admirei de longe Michele Cushatt, a mulher que sobreviveu três vezes ao câncer, e recentemente como uma amiga valiosa. Ela é uma mulher de sabedoria armada com graça, coragem e humildade diante dos desafios implacáveis da vida. Se você está cansada, mas deseja manter sua fé, Michele escreveu este livro para você. Em *Mulheres inabaláveis*, Michele compartilha uma rica estrutura de versículos, histórias pessoais e práticas espirituais transformadoras que vão inspirar você a dar mais um passo em direção a Deus em tudo o que estiver enfrentando hoje.

— Barb Roose, palestrante e escritora.

Este livro é para qualquer uma que tenha o coração e a fé desgastados. *Mulheres inabaláveis* mostra como construir bases sólidas para nossa vida espiritual a fim de que possamos enfrentar as tempestades da vida. Michele Cushatt nos guia gentilmente por um caminho para termos mais esperança, fé e resiliência em meio a todos os problemas da vida.

— Michelle Ami Reyes, escritora.

Michele surge com mais um tesouro cheio de verdades transformadoras e práticas geradoras de vida. Como leitora devota e fã pessoal de Michele, mergulhei neste livro com muitos momentos de "ah" e "sim", principalmente nas áreas do perdão e da reconciliação. Este livro é uma ferramenta necessária e profunda na caixa de ferramentas de autoconsciência e de cura de uma mulher cristã.

— Kasey Van Norman, conselheira e escritora.

INTRODUÇÃO

UMA FÉ DECADENTE

*Portanto, quem ouve estas minhas palavras
e as pratica é como o homem prudente que
construiu a sua casa sobre a rocha. Caiu a chuva,
transbordaram os rios, sopraram os ventos e deram
contra aquela casa, mas ela não caiu, porque
estava alicerçada na rocha* (Mateus 7:24-25).

A casa não parecia ser muita coisa desde a primeira vez que a vimos. Desocupada há mais de um ano, abandonada há mais de uma década, a propriedade de 32.375m² parecia que estava prestes a ser engolida pela natureza. Várias árvores e arbustos — alguns mortos, outros quase — amontoavam-se na entrada da garagem e encobriam a calçada. As ervas daninhas cobriam aquilo que pensei um dia ter sido um gramado verde, seus espinhos arranhavam meus pés enquanto eu andava de chinelos pela propriedade. Os carvalhos Gambel cresceram sem podas, com seus ramos alcançando as paredes exteriores da casa. Eu processei tudo aquilo, comparando com o gramado bem-cuidado da nossa casa. Que bagunça!

Deixando todo aquele caos exterior, seguimos o agente imobiliário até a porta da frente para uma breve visita. Não demorou muito para percebermos outros sinais semelhantes de abandono. Além da falta de reformas desde sua construção, vinte anos atrás, tudo, desde os banheiros até as janelas, precisava de reparos. Dias depois, após uma vistoria profissional, entendemos que a casa precisava mais do que arrumar a fachada. Precisava ser demolida e reconstruída. Um telhado novo. Uma argamassa nova e uma pintura exterior completa. Revisão na rede de esgoto, reparo para os danos causados pelos vazamentos no piso de madeira. Havia várias janelas quebradas, um aquecedor em péssimo estado e um aparelho de ar-condicionado que precisava ser substituído. Esses eram os itens grandes.

A casa suportou décadas de clima extremo do Colorado. Sem cuidados constantes, o desgaste ficou evidente. Para fazer a casa durar um bom tempo, o próximo proprietário teria que investir tempo, suor e dinheiro significativos; nada do que tínhamos. Troy e eu tínhamos carreiras de grande demanda. E três dos nossos seis filhos ainda moravam conosco, adolescentes com histórias difíceis e carentes. Já nos sentíamos sugados pela rotina, sem uma mudança e uma reforma.

Além disso, meses antes, no mesmo ano, uma pandemia global pegou os EUA de surpresa. No começo de março de 2020, a COVID-19 confinou-nos em casa com o resto do país em quarentena, quando pensávamos que seriam apenas algumas semanas. Após meses sem vislumbrar um fim para aquilo tudo, começamos a ficar cansados de vivermos presos em quatro paredes. O isolamento e as aulas virtuais deixaram os nervos irritados e esgotaram a paciência, tanto dos adultos quanto das crianças. E a vizinhança onde tínhamos crescido por tanto tempo ficou lotada, com casas sendo construídas umas em cima das outras. Com a igreja, o trabalho e a escola relegados para o ambiente virtual, não ficávamos mais confinados num local geográfico. De repente, a mudança de casa passou a ser uma opção viável.

Então, um dia, deparamo-nos com uma casa a trinta minutos de distância, situada em oito hectares abertos, cobertos de carvalhos e árvores verdes, com vista para as Montanhas Rochosas. Pois é, a casa estava danificada e desgastada. E nós também. Talvez seja por isso que pareceu ser nosso lar.

"Ela possui um bom alicerce", disse meu marido empreiteiro. "E é disso que eu gosto. A gente cuida do resto."

Isso era tudo o que eu precisava ouvir.

Semanas depois, fizemos as malas e nos mudamos, durante uma pandemia, enquanto trabalhávamos em período integral e ajudávamos três adolescentes que estavam mergulhados nas aulas online. Quem em sã consciência decide fazer uma reforma total em casa no meio de uma crise global? Nós fizemos. E não prometo nada sobre nossa sanidade mental. Acredite em mim quando digo que questionei nossa decisão mais de uma vez.

Mesmo assim, meu marido estava certo. O alicerce se mostrou sólido. Quando superamos o pior da parte da demolição, conseguimos uma casa transformada num refúgio bem em meio ao olho do furacão.

Foi o filósofo alemão do século 19, Friedrich Nietzsche, quem a princípio afirmou: "Aquilo que não me mata só me fortalece". Esse lema, por mais insensível que seja quando oferecido a alguém em crise, é verdadeiro apenas em parte. A facilidade e o conforto não produzem resultados. A resistência produz. Assim como treinar para uma maratona ou levantar pesos, é nossa determinação em superar as dificuldades que aumenta nossa força. Mesmo assim, todos nós conhecemos alguém cuja vida se desintegrou como resultado de seus desafios – incluindo a vida de Nietzsche.

Então, por que as tempestades devastam algumas casas enquanto causam pouco impacto em outras? Por que um indivíduo entra em colapso em suas crises enquanto outro parece fortalecer-se apesar de tudo? E por que alguns sofredores vivem um aperfeiçoamento na fé enquanto outros acabam expondo sua incredulidade?

Os discípulos sabiam por experiência própria o que é ser pego numa tempestade inesperada. Lucas conta a história:

> Certo dia, Jesus entrou no barco com os seus discípulos e disse:
> – Vamos para o outro lado do lago.
> Então, partiram. Enquanto navegavam, ele adormeceu. Abateu-se sobre o lago um forte vendaval, de modo que o barco estava sendo inundado, e eles corriam grande perigo.
> Os discípulos foram acordá-lo, clamando:

— Mestre, Mestre, vamos morrer!

Ele se levantou e repreendeu o vento e a violência das águas; a tempestade cessou, e tudo ficou calmo. Então, perguntou-lhes:

— Onde está a fé de vocês? (Lucas 8:22-25)

Marcos chama a tempestade de um "forte vendaval", uma tempestade violenta e repentina que encheu o barco e que apavorou os discípulos (Marcos 4:37). Eles não conseguiam ligar o motor do barco ou enviar um sinalizador para a Guarda Costeira. Era o homem contra a natureza, e a natureza mostrou-se mais forte.

Mas os discípulos deixaram passar uma realidade que salvava vidas: Jesus estava no barco deles.

Nos dias anteriores, os discípulos testemunharam Jesus realizar milagres de tirarem o fôlego, milagres que não deixaram dúvidas quanto à sua natureza divina: o servo de um centurião curado à distância por uma palavra de Jesus (Lucas 7:1-10); o filho único de uma viúva ressuscitado da morte (v. 11-16). Esse mesmo Jesus que operava milagres e desafiava a morte se sentou a poucos centímetros de distância deles no barco.

Como costuma acontecer, a força da tempestade revelou o estado da fé dos discípulos. "Mestre, não te importas se morrermos?" clamaram (Marcos 4:38).

A verdade da identidade e do amor de Jesus ainda não havia superado a intensidade das circunstâncias. Então, quando a tempestade e o medo deles se enfureceram, a fé no Senhor da tempestade enfraqueceu.

Nos últimos anos, encontramo-nos no meio de tempestades globais furiosas. Os governantes sedentos de poder estão matando inocentes em nome de seus apetites pessoais e planos malignos. As tensões raciais que há muito tempo estavam por debaixo dos panos atingiram o limite. As instituições que antes pareciam inabaláveis — agora estão cheias de má reputação e suspeitas. Os líderes que antes pareciam imperturbáveis — e intocáveis — caíram de seus palcos de modo desprezível. Nossa confiança no futuro e nos outros diminuiu a ponto de não acreditarmos mais que "o melhor ainda está por vir". E para muitos de nós, o alicerce sobre o qual estamos se move sob nossos pés.

O que fazemos quando o solo fica movediço? Para onde fugimos para encontrar um melhor fundamento?

Onde está sua fé?

Assim como uma casa precisa de um alicerce sólido, a vida espiritual deve ser fundamentada no cimento da fé. Frequentar a igreja, citar trechos espirituais concisos e ouvir uma *playlist* cheia de música cristã não são suficientes. Assim como a decoração da casa, elas decoram a vida de fé, mas não a fundamentam.

Se nossa atividade cristã não vier de algo substancial, ela não vai resistir às piores tempestades da vida. Na primeira vez que chegar um vendaval, nossa religiosidade rotineira não vai ajudar em nada, assim como um papel de parede em um tornado. As paredes bem decoradas da vida cristã irão se desintegrar em entulho.

Eu sei. Porque foi isso que aconteceu comigo.

Eu tinha apenas alguns meses de idade quando um homem chamado Dave Mostek convidou meu pai para ir à igreja com ele e sua esposa. Dave e meu pai trabalharam juntos na State Farm Insurance, no sul da Califórnia, dois jovens com famílias jovens – um homem de fé, o outro, um homem livre de uma infância abusiva e da guerra no Vietnã. Com um simples convite, meu pai descobriu a esperança do evangelho. Assim o curso da minha vida mudou.

Enquanto meu pai viveu 27 anos sem a fé, não me lembro de um único dia sem ter sua força orientadora.[1] Minhas primeiras lembranças incluem imagens de cultos dominicais, aulas bíblicas em lousa de EVA, hinários e harmonia de quatro vozes, lanches com muitos amigos e um *pyrex* cheio de macarrão com queijo. Não me lembro ter deixado de acreditar em Jesus. A minha história é rica, cheia de fé ativa, atividades comunitárias, e tudo isso me deu uma base sólida de fé que me cai bem até hoje.

Mesmo assim, uma alma precisa de mais do que uma religiosidade cheia de regras para suportar a prova de fogo da experiência humana.

Nos últimos trinta anos, minha vida foi provada por uma série de tempestades significativas: o divórcio e a maternidade solo. O novo casamento, a família do cônjuge e os desafios de criação. O conflito e a divisão na igreja. O conselho tutelar e a adoção de três crianças com histórico de abuso. As pessoas queridas com doenças mentais graves e os problemas de saúde. O diagnóstico de câncer de pâncreas do meu pai e sua morte. E então meu diagnóstico de câncer: carcinoma de células escamosas bucal. E não foi uma, mas três vezes.

Foram o terceiro diagnóstico e o tratamento extensivo que quase me mataram. No final daqueles meses de sofrimento inconcebível, apenas a graça de Deus me manteve viva.

Já se passaram sete anos, e o milagre que é minha vida continua. Por enquanto. Mas vivo diariamente com as sequelas de tanta perda e trauma, assim como uma dor crônica e deficiência permanente, lembretes do quanto eu cheguei perto do túmulo.

Muitas vezes me perguntam: "Como você ainda crê, depois de tantos motivos para não crer?".

Essa é uma boa pergunta. Mas primeiro eis uma história.

Antes de sua morte, Jesus ceou com seus discípulos. Era a Páscoa, a festa anual para lembrar a libertação dos israelitas do Egito por Yahweh após centenas de anos de escravidão (Leia Êxodo 11 e 12.). Para os que estavam sentados à mesa, era simplesmente outra comemoração judaica. Jesus sabia que não era. Essa seria a Páscoa que todas as outras Páscoas haviam simbolizado. Ele seria o cordeiro sacrificado, seu sangue encobrindo e permitindo que a sentença de morte passasse sobre o povo de Deus, libertando-nos da escravidão do pecado.

Tentei imaginar como deve ter sido aquela noite para Jesus, agonizando em seu sofrimento iminente enquanto também preparava os discípulos para o deles. Por três anos, Ele ministrou a eles, ensinando e orientando-os. E ainda assim eles não entendiam o que estava prestes a acontecer. Eles não entendiam que suas esperanças estavam prestes a ser penduradas em uma cruz. Ao contrário, como adolescentes competindo por popularidade, eles discutiam sobre quem era o maior (Lucas 22:24).

É por isso que, acredito, Jesus se voltou para Simão Pedro, um líder entre os doze, com algumas palavras assertivas:

> — Simão, Simão, eis que Satanás pediu para peneirar vocês como se faz com o trigo. Contudo, eu orei por você, para que a sua fé não desfaleça.
>
> Ele, porém, respondeu:
>
> — Senhor, estou pronto para ir contigo tanto para a prisão como para a morte.
>
> Jesus respondeu:
>
> — Eu lhe digo, Pedro, que ainda hoje, antes que o galo cante, três vezes você negará que me conhece (Lucas 22:31-34).

Durante boa parte dos últimos anos, pensei sobre essa cena. Mais tarde naquela noite, Pedro enfrentou sua própria provação. Apaixonado, mas com excesso de confiança, ele pensou que estava pronto para o pior. Ele não poderia estar mais equivocado.

Jesus podia ver o que Pedro não conseguia ver. As boas intenções de Pedro iriam abandoná-lo muito antes de ele fugir do jardim naquela noite. É por isso que o que aconteceu a seguir é tão importante.

Escondidos nas palavras comoventes de Jesus para um Pedro perplexo estão dois presentes extraordinários.

Primeiro, um aviso. "Satanás pediu para peneirar vocês como se faz com o trigo."

Opa! Isso que é uma má notícia. Não é todo dia que você ouve que o Diabo está prestes a devorá-lo no almoço.

Segundo, uma promessa. "Contudo, eu orei por você."

Uau! Deixe isso entrar em seu coração. Jesus, aquele que Pedro declarou "Tu és o Cristo, o Filho do Deus vivo" (Mateus 16:16), orou pelo homem que, antes do fim da noite, negaria que o conhecia. Muito antes do choque da prisão de Jesus abalar a confiança de Pedro, muito antes de ele fugir com medo, muito antes de se sentar ao redor de uma fogueira com algumas pessoas e dizer aos acusadores: "Não conheço esse homem!" (Mateus 26:74), sim, bem antes de Pedro vacilar, Jesus orou.

A provação espiritual de Pedro não era uma guerra que seria vencida pela confiança ou mesmo pelo empunhar de uma espada. Pelo contrário, Pedro precisava das orações fortalecedoras do Salvador.

Um aviso (más notícias). E uma promessa (notícias absurdamente boas). Jesus tinha todo o poder e autoridade de seu Pai na ponta dos dedos. Ele poderia ter invocado fogo e relâmpagos do céu ou anjos armados, ou até mesmo embrulhado Pedro em plástico bolha. De todas as coisas que Jesus poderia ter feito para aliviar a dor de Pedro, Ele orou.

Ele não orou pela saúde de Pedro, por sua família, pelas suas finanças ou mesmo por sua capacidade de lutar e escapar da prisão e da morte.

Em vez disso, Jesus orou pela fé de Pedro.

Em nossos lugares de sofrimento, acreditamos que o que está mais em risco são nossos relacionamentos, família, proteção, segurança financeira, saúde ou até mesmo nossa própria vida. Achamos que o diagnóstico, o divórcio ou a morte são as piores coisas que podem acontecer.

Não poderíamos estar mais equivocados.

As tempestades são uma parte universal da experiência humana. Ninguém escapa do sofrimento ou do desgaste diário em nossa existência humana. "Porque Ele faz raiar o sol sobre maus e bons e derrama chuva sobre justos e injustos", Jesus faz-nos lembrar (Mateus 5:45). E "neste mundo, vocês terão aflições", Ele alerta (João 16:33). Embora nossas escolhas impactem nosso caminho, não podemos controlar o clima enquanto o percorremos. E assim como o clima revela a estabilidade de um lar, o sofrimento expõe o estado da fé de um indivíduo.

Sim, muitas vezes me perguntam como ainda consigo crer depois de tudo que suportei. Como sobrevivi a tanto sofrimento com minha fé ainda intacta? Aqui está minha resposta em duas partes.

Primeiro, como Pedro, não levo crédito pela fé que ainda me fundamenta e guia. Como John Newton escreveu na letra de seu agora famoso hino, *Amazing Grace* [Graça maravilhosa]:

Por muitos perigos, labutas e armadilhas, já passei:
sua graça me trouxe seguro até aqui, e com a graça para a casa irei.[2]

E segundo, embora a graça do meu Pai ainda me carregue, meus anos em que segui Jesus forneceram uma base que me ajudou a enfrentar o pior que a vida tinha a oferecer. Como diz a professora bíblica Jen Wilkin: "As disciplinas espirituais nutrem a perseverança. O que repetimos em tempos de bonança, lembraremos em tempos de dificuldade".[3] Como Pedro, sou uma discípula há muito tempo, embora pobre. Sou bem-intencionada, mas fraca, e às vezes confiante demais, impulsiva, e geralmente despreparada. Apesar de eu amar Jesus, sempre vacilo com Ele. Mesmo assim, seguir Jesus ensinou-me certas práticas que se mostraram firmes. Como uma renovação lenta e constante, essas práticas me fortaleceram pouco a pouco para que, quando as tempestades chegassem, minha fé permanecesse firme.

Você pode não ter a mesma história com Jesus como eu. Algumas de vocês têm uma jornada muito mais longa do que a minha, e outras estão apenas começando. Para aquelas com um currículo cristão impressionante, não confunda uma vida piedosa com um amor piedoso. É possível assinalar todos os tópicos religiosos e ainda deixar passar a fé verdadeira. A primeira trata do desempenho; a segunda trata do relacionamento.

E para aquelas pessoas que são novas nessa caminhada com Jesus, não comparem sua falta de experiência espiritual como fraqueza ou, pior, um amor menor. Jesus disse: "Em verdade lhes digo que, a não ser que vocês mudem e se tornem como crianças, jamais entrarão no reino dos céus" (Mateus 18:3). Embora sua fé seja algo novo, você é excepcionalmente capaz de se aproximar do Senhor sem a arrogância que sempre acompanha o desempenho religioso. Venha como você está. Ele já está apaixonado por você.

APROVEITANDO O MÁXIMO DESTE LIVRO

Minha esperança para este livro é que ele seja prático e inspirador. Aqui estão alguns *insights* para ajudar a atingir esse objetivo.

Primeiro, *Mulheres inabaláveis* abrange dez práticas de fé, com cinco capítulos para cada prática. Isso lhe dá a flexibilidade de ler no seu próprio ritmo ou ler uma prática por semana (ou mês) em um pequeno grupo ou estudo bíblico. Selecionei essas práticas em particular, embora elas talvez sejam não convencionais, porque se mostraram úteis para mim e têm precedentes bíblicos.

No entanto, esta lista não é definitiva ou exaustiva. Por exemplo, a leitura e memorização da Bíblia me dão um profundo conforto e segurança quando a vida fica desafiadora. Por isso, você verá muitas menções às Escrituras ao longo destas páginas. No entanto, elas não são uma das dez práticas. Vale o mesmo para a oração. Inicialmente, a oração estava no topo da lista, mas quanto mais eu considerava a oração à luz das outras práticas, mais eu reconhecia sua ligação em cada uma delas. Embora esteja ausente da lista, a oração continua sendo uma parte essencial de uma fé que não falhará.

Segundo, embora seja tentador seguir essas práticas em um processo linear de dez etapas, a vida raramente encaixa-se em uma linha do tempo organizada. Se estiver lendo em grupo, a praticidade pode exigir que você siga um calendário. Mas lembre-se: a jornada da fé raramente segue etapas previsíveis. Por exemplo, praticar o lamento geralmente ocorre simultaneamente à adoração. A renúncia não é um exercício único, mas contínuo. Se você precisar de uma prática específica, tenha a liberdade de pular capítulos ou seções, ou voltar a um que precise reler.

Por fim, uma advertência: a fé duradoura não pode ser desejada por meio de uma determinação forçada ou por iniciativa própria de arregaçar as mangas e se esforçar. Durante os vários períodos de teste de fé em meus cinquenta anos de vida, conheci Jesus na grande maioria deles. E aos sete anos de idade, quando atravessei aquele pequeno corredor da minha igreja em plena infância no centro de Illinois, decidi seguir Jesus de todo meu coração, mente e com todas as minhas forças. Ironicamente, as fases mais difíceis também foram aquelas em que fui mais disciplinada: lendo a Bíblia, frequentando a igreja e seguindo algumas das práticas descritas neste livro. Nenhum esforço evitou meu sofrimento.

As práticas espirituais não prometem ser uma válvula de escape. O sofrimento virá e com ele as dúvidas. Haverá dias em que você se sentirá desamparada, mesmo fazendo o melhor que pode para aguentar firme.

"Se vocês não ficarem firmes na fé, com certeza não resistirão!", alerta Isaías, o profeta do Antigo Testamento (Isaías 7:9).[4]

"Assim, aquele que considera estar de pé, cuide-se para que não caia!", avisa Paulo, o apóstolo do Novo Testamento (1Coríntios 10:12).[5]

Com certeza.

Então, que esperança há para nós, discípulas bem-intencionadas que às vezes mudamos nossos caprichos espirituais em momentos de crise e incertezas? Nós que tememos nossas circunstâncias mais do que Cristo? Como vivemos como homens e mulheres de fé inabalável quando o mundo desmorona?

Em seu livro best-seller *The Reason for God* [A razão para Deus], Timothy Keller, autor e pastor fundador da igreja Redeemer Presbyterian em Manhattan, compartilha este exemplo que ajuda a responder: "Imagine que você está em um penhasco alto e de repente perde o equilíbrio e começa a cair. Bem ao seu lado, enquanto você está caindo, há um galho na beirada do penhasco. É sua única esperança e ele é forte o suficiente para suportar seu peso. Como ele pode salvá-la? Se sua mente está cheia de certeza intelectual de que o galho pode sustentá-la, mas se não estender a mão e agarrá-lo, você está perdida. Se sua mente está cheia de dúvidas e incertezas de que o galho pode segurá-la, mas você estende a mão e agarra-o de qualquer maneira, você está salva. Por quê? Não é a força da sua fé, mas o objeto da sua fé que a salva".

Então, quanta fé no galho é preciso ter para ser salva?

Apenas o suficiente para alcançá-lo.[6]

"Em verdade lhes digo que, se tiverem fé como um grão de mostarda, poderão dizer a este monte: 'Vá daqui para lá', e ele irá, e nada será impossível para vocês" (Mateus 17:20).

Pedro entendia mais sobre peixes do que fé. As paredes do escritório dele não eram decoradas com impressionantes diplomas de graduação e seus eventos sociais não ostentavam vídeos empolgantes de dança cristã.

Jesus encontrou Pedro com os tornozelos na lama e chamou-o para agarrar o que Ele estava oferecendo: "Siga-me".

Um galho. *O galho*.

Pedro tinha fé suficiente para alcançá-lo. E quando o mundo dele desmoronou e a vida foi interrompida, o Galho sustentou durante todo o percurso para casa.

Jesus quer fazer o mesmo por você também, minha amiga. Ele vê seus medos e conhece suas dúvidas.

Siga-me, Ele diz, com a mão estendida para você. Você só precisa alcançá-lo.

PARTE 1

A PRÁTICA DA LAMENTAÇÃO

A prática da lamentação pode ser um lugar desconfortável para começar. Muitas vezes, em nosso desejo de sermos fiéis, sentimos que devemos reprimir nossas fortes emoções. Achamos que lamentar nossas perdas significa ser menos fiel. Então, engolimos a tristeza, colocamos um sorriso espiritual no rosto e fingimos que está tudo bem. Mas não devemos esquecer: antes de Jesus sair do túmulo, Ele lamentou num jardim. As lágrimas que derramamos hoje apenas regam a alegria vindoura quando tudo estiver curado. Mas primeiro, devemos reconhecer que as coisas não são como deveriam ser. Os relacionamentos acabam, os entes queridos morrem, os corpos envelhecem. Vale a pena lamentar essas perdas. Quando damos voz àquilo que parte nosso coração, acrescentamos nossas lágrimas às do nosso Salvador. A lamentação torna-se uma parte necessária do fundamento da nossa fé, uma fé que vê claramente a fragilidade do mundo e ainda crê no poder de Deus para curá-la.

DIA **1**

LAMENTANDO A VIDA INDESEJADA

Não é papel do cristianismo ser capaz de explicar o que está acontecendo e o porquê. Na verdade, é papel do cristianismo não conseguir dar explicações — apenas lamentar. E como o Espírito lamenta conosco, transformamo-nos, mesmo em nosso isolamento, em pequenos santuários onde a presença e o amor restaurador de Deus habitam.

— N. T. Wright, *O cristianismo não oferece respostas sobre o coronavírus*

Na quinta-feira, 30 de dezembro de 2021, quando outro ano difícil marcado por uma pandemia global terminou, uma tempestade terrível assolou o Colorado. Embora a tempestade tenha chegado sem chuva nem neve, ela trouxe rajadas de vento de mais de 130, 145 e 160 km/h. Sentada em nossa casa no campo a quarenta e cinco minutos ao sul de Denver, ouvi preocupada o vento uivante sacudindo minhas janelas. Os meses de setembro, outubro e novembro foram excepcionalmente quentes e secos, como se o verão se recusasse a ceder ao inverno. Até dezembro foi um mês ensolarado e de pouquíssima neve. Em 30 de dezembro, tínhamos míseras precipitação e umidade. Não conseguia me lembrar de outro dezembro como aquele, onde os suéteres ficavam guardados no armário e camisetas lotavam a lavanderia.

Depois de mais de duas décadas no Colorado, eu sabia que dias de ventania como esse – principalmente durante as estações quentes e secas – poderiam desencadear incêndios florestais devastadores. Os carvalhos cobrem a maior parte dos nossos oito acres, eles são um combustível fácil para uma faísca ou um relâmpago. Eles já tinham perdido suas folhas na expectativa de um inverno que ainda não havia chegado. Naquela quinta-feira, ouvi o vento assobiando através de nossos beirais e orei pedindo proteção.

Em apenas uma ou duas horas depois, meu maior medo se tornou realidade. Não para nós ou nossos vizinhos, mas para as comunidades de Superior e Louisville, ambas localizadas a uma hora ao norte de nós, fora da cidade de Boulder. As imagens de vídeo logo surgiram, mostrando os consumidores correndo para seus carros estacionados no Costco e os moradores fugindo de suas casas enquanto o vento soprava fumaça, cinzas e faíscas em todas as direções. A cena era de terror e caos, uma tarde comum em uma semana pacata de férias transformou-se numa tragédia. Mais tarde, li relatos de notícias de bombeiros lutando para salvar estruturas, arriscando suas próprias vidas, lutando contra um vento implacável que os alcançava a cada passo. Apesar do esforço incansável, eles tiveram resultados mínimos. Em um único dia, 1.084 casas foram destruídas pelo incêndio Marshall. Demorou meses para a investigação ser concluída. Mas isso não importa, o dano estava feito e as perdas eram devastadoras. Tive dificuldades para entender a magnitude da destruição. Em um único dia, 1.084 casas, representando 1.084 famílias, desapareceram. Tantas memórias, relíquias de família e fotos queimadas em minutos. Os presentes de Natal abertos apenas cinco dias antes transformaram-se em cinzas. Os planos para um 2022 esperançoso viraram fumaça.

Nos meses seguintes, esses indivíduos e famílias entraram com pedidos de indenização. Alguns estavam determinados a reconstruir tudo do zero, enquanto outros não suportaram retornar e decidiram recomeçar em outro lugar. De qualquer maneira, a vida continua. Ela sempre continua. Essas famílias desabrigadas construiriam novas casas, compraram móveis novos e eletrodomésticos, criaram memórias e comemoraram os feriados em suas casas com cheiro de tinta fresca e muitas novas possibilidades.

Mas a reconstrução leva anos. E antes que essas famílias pudessem construir o futuro, elas tiveram que cuidar das cinzas do passado. Restos carbonizados precisavam ser vasculhados para procurar tesouros sobreviventes. Casas destruídas, pouco mais que cinzas, precisavam ser demolidas. As perdas precisavam ser catalogadas, então enviadas e relatadas às companhias de seguros. Só isso poderia levar meses ou anos. Então, novos planos precisavam ser elaborados, novas licenças obtidas, contratar equipes de construção e fazer novos alicerces. Analisar as perdas é um processo longo e doloroso.

Essa história e o relato doloroso são a melhor representação que posso pensar para a prática bíblica da lamentação. Em hebraico, lamentação significa prantear, denotando uma forma tangível de sofrimento, não meramente um sentimento interior de tristeza. Na Bíblia, a lamentação é uma parte essencial da adoração. E é sempre honesta e expressiva.

Percebo que começar um livro sobre fé com a prática da lamentação pode parecer um pouco intimidador. Não faria mais sentido começar com adoração ou gratidão? Elas certamente parecem ser mais esperançosas. E, no entanto, ao considerar minha experiência e provavelmente a dos sobreviventes do incêndio Marshall, percebi uma verdade importante: esperança sem lamentação é como tentar construir uma casa sem lidar com os escombros.

Para construir uma fé duradoura, você e eu devemos lidar com os escombros, catalogando as perdas. Aprendi que o luto é o primeiro passo necessário para uma nova vida. Assim como limpar as cinzas, a lamentação permite que o Espírito Santo ajude o coração a se curar e recomeçar.

Assim como a cruz é necessária para a ressurreição, a lamentação é geralmente o caminho para a adoração autêntica. Isso significa que se é você quem está sofrendo, não há problema em chorar. Suas perdas são dignas de lamentação. Não é assim que deveria ser, e não há problema em dar voz à sua raiva e angústia. E se você não é quem está sofrendo hoje, agradeça. E então dê espaço para aqueles que estão. Acrescente suas lágrimas às deles. Dessa forma, nós juntos adoramos o único que pode curar.

Cinco minutos para desenvolver sua *fé*

Até quando terei inquietações no íntimo
e tristeza no coração dia após dia?
Até quando o meu inimigo triunfará sobre mim?

Olha para mim e responde, Senhor, meu Deus.
Ilumina os meus olhos, ou dormirei o sono da morte (Salmos 13:2-3).

O pastor e autor Dr. Glenn Packiam afirma que a verdadeira lamentação tem pelo menos cinco propósitos:

1. É uma forma de louvor.
2. É uma prova do relacionamento.
3. É um caminho para a intimidade com Deus.
4. É uma oração para que Deus aja.
5. É uma participação no sofrimento dos outros.[7]

Na minha experiência, a lamentação é sempre uma combinação de muitos, senão de todos esses tópicos, acompanhados pela música da minha dor individual. Considere esses cinco propósitos. De qual deles você mais precisa agora? Como adicionar a prática da lamentação à sua jornada espiritual pode aumentar sua fé? Registre seus pensamentos num papel ou em um diário. Então faça esta oração:

Pai, a lamentação parece ser algo estranho e às vezes opressor. E ainda assim Jesus clamou a ti sem medo. Ensina-me como levar minha dor a ti, assim como Jesus fez, para que eu experimente teu toque de intimidade, cura e paz.

DIA **2**

O PROPÓSITO
DA LAMENTAÇÃO

A razão pela qual não queremos sentir é que o sentimento expõe a tragédia do nosso mundo e a escuridão do nosso coração. Não é de se admirar que não queremos sentir. Os sentimentos expõem a ilusão de que a vida é segura, boa e previsível.

— Dr. Dan B. Allender e Dr. Tremper Longman III, *Cry of the Soul* [Grito da alma]

Apenas dois meses depois de lutar pela minha vida, fui para um compromisso, uma palestra. No dia anterior, eu estava doente demais para sair da cama, preocupada em ter que cancelar. Mas na manhã seguinte, reuni minha vontade teimosa, vesti calças sociais, uma blusa e me maquiei, e fui fazer uma gravação de áudio e vídeo para um programa de rádio internacional. Determinada a seguir em frente como se nada tivesse acontecido, engoli todo medo, dor e perda e coloquei no rosto meu melhor sorriso cheio de fé e de *gloss* labial. É isso que as fiéis seguidoras de Jesus fazem, certo? Elas continuam insistindo, não importa o preço.

Ainda tenho uma foto daquele dia no meu *smartphone*. Minhas roupas expunham meu corpo caquético, as olheiras destacavam meus olhos, as queimaduras da radioterapia ainda eram visíveis no meu pescoço. Eu parecia um zumbi ambulante. Ainda não tenho ideia como – ou por que – eu fiz tal coisa. Eu não estava sendo fiel. Eu estava sendo tola.

Embora minha determinação e teimosia tenham me ajudado às vezes, nesse caso elas não passaram de ser meu estado de negação.

Ainda que tenha cumprido meu compromisso de palestrar, minha dor não seria ignorada. Nos meses que se seguiram, o peso da perda cumulativa logo eclodiu e exigiu um acerto de contas. Por quase dois anos, caminhei por um abismo profundo e escuro de lamentação. Alguns dias eram de choro. Outros dias eram de raiva. Muitas vezes, eu temia estar indo para o fundo do poço. Mas logo aprendi que meu cérebro e meu corpo estavam fazendo o que foram feitos para fazer: processando traumas e perdas. Eu precisava parar de fazer cara de paisagem (o que tornava tudo muito pior) e me permitir dizer a verdade sobre minha dor.

Eu precisava praticar a lamentação.

Lamentar é "expressar tristeza, luto ou arrependimento por muitas vezes de forma demonstrativa... lamentar fortemente".[8] Lamentar é dar expressão à tristeza em sua alma. Em certo sentido, é fazer uma reclamação formal, mas levar essa reclamação ao único que tem o poder e a autoridade para fazer algo a respeito: o próprio Deus.

Por muito tempo, evitei lamentar. Lendo as instruções de Paulo em Filipenses 4:4-6 e 1Tessalonicenses 5:16-18, pensei que a vida cristã significava ter uma positividade eterna. É verdade que nós, que acreditamos no dia da nossa ressurreição, temos bons motivos para se alegrar. Mas a Bíblia também fala sobre a prática e o valor da lamentação.

Em Gênesis 50:10, José e seus irmãos "lamentaram em alta voz, com grande amargura" a morte do pai, Jacó.

O livro de Êxodo narra: "os israelitas gemiam e clamavam por causa da escravidão, e o seu grito de socorro subiu até Deus. Ouviu Deus o gemido deles e lembrou-se da aliança que fizera com Abraão, Isaque e Jacó" (Êxodo 2:23, 25). Em 2Samuel, quando Davi soube da morte de Saul e de seu filho Jônatas, ele cantou um lamento (1:17-27).

O salmo 102 é intitulado como a "oração de um aflito que, quase desfalecido, derrama o seu lamento diante do Senhor". Muitos salmos adicionais são lamentações, e não louvores, como os salmos 6, 10, 13, 22, 38, 42, 43 e 130, entre outros.

O livro de Jeremias, "o profeta chorão", é um livro de reclamações. É também o livro mais extenso da Bíblia, contendo mais palavras do que qualquer outro livro.[9]

E não posso deixar de mencionar o livro de Lamentações, que é exatamente o que seu nome indica: um livro de lamentações. Essa é uma pequena amostra de lamentação em todas as Escrituras. E ainda assim, em nossa experiência de adoração moderna, a prática da lamentação está visivelmente ausente. Acredito que estamos deixando passar um alicerce essencial da nossa fé.

Qual é o propósito da lamentação? N. T. Wright, autor e pesquisador sênior do Wycliffe Hall em Oxford, Inglaterra, escreveu um artigo para o *Time*, no qual afirma que "o objetivo da lamentação, entrelaçado assim no tecido da tradição bíblica, não é apenas uma saída para nossa frustração, tristeza, solidão e pura incapacidade de entender o que está acontecendo ou o porquê. O mistério da história bíblica é que Deus também lamenta. Alguns cristãos gostam de pensar em Deus como alguém acima de tudo isso, sabendo de tudo, no comando de tudo, calmo e não afetado pelos problemas em seu mundo. Essa não é a imagem que temos na Bíblia".[10]

Primeiro, o lamento dá voz tanto à nossa tristeza quanto à nossa culpa. Como qualquer ferida aberta, a negligência e o desrespeito colocam você em maior risco de infecção e cicatrizes, até mesmo de morte. Quando não damos voz a isso, a tristeza apodrece, acabando por nos consumir com miséria. Mas quando reconhecemos nossa tristeza na presença do Salvador, a cura começa.

E segundo, a prática do lamento não só nos permite identificar e nomear nossa dor, mas também nos direciona à fonte de nossa esperança. Nossa dor e culpa podem encontrar redenção somente quando nos voltamos para aquele que detém o poder e a autoridade para redimir. Como a autora Michelle Reyes cita: "Que nossa lamentação seja a declaração da esperança em Deus em meio ao caos".[11]

Reclamar para os outros pode trazer conforto temporário, mas eles não têm o poder para curar. E geralmente acabamos ficando mais desesperadas. Mas apresentar as nossas queixas para Deus revela a verdade sobre as nossas circunstâncias e reconhece quem é capaz de nos libertar.

Dan Allender e Tremper Longman III, no livro *Cry of the Soul* [Clamor da alma], discutem exaustivamente o papel que nossas emoções desempenham em nosso conhecimento constante de Deus. "A determinação em resolver nossos conflitos emocionais inevitavelmente coloca Deus no papel de servo da nossa cura em vez de uma pessoa a ser adorada. Em vez de tentar mudar nossas emoções, somos mais sábias quando as ouvimos. Elas são uma voz que nos pode dizer como estamos lidando com um mundo decadente, com pessoas que nos magoam e com um Deus confuso que raramente parece ser ou fazer o que esperamos dele."

O salmista escreve: "Espero pelo Senhor com todo o meu ser e na sua palavra ponho a minha esperança. Ponha a sua esperança no Senhor, ó Israel, pois com o Senhor há amor leal e plena redenção" (Salmos 130:5-7). Quando derramarmos as nossas lágrimas perante o Senhor, descobriremos a redenção total. Não em partes. Nem temporária. Mas completa.

"Está consumado!", disse Jesus quando o seu corpo deu lugar à morte (João 19:30). E com isso, a minha lamentação, por mais profunda que seja, termina em redenção. A sua também.

Cinco minutos para desenvolver sua **fé**

Bem-aventurados os que choram, pois serão consolados (Mateus 7:24-25).

O escritor Philip Yancey escreve: "No luto, o amor e a dor convergem".[13] O que você ainda não entendeu? Seja em nível maior ou menor, quais são as pessoas, os planos, os objetivos que, de alguma forma, não saíram como você esperava? Um exercício que me ajudou a dar um passo gigante em direção à cura foi me permitir listar as minhas perdas. Parece ser algo indulgente, até inútil. Simplesmente, sentei-me no meu quintal com uma caneta e um caderno em branco e fiz uma lista das coisas que lamentava. E, à medida que ia nomeando minha dor, Deus começou a curar meu coração. Será que você vai refletir em fazer o mesmo? Reserve alguns minutos para começar sua lista. O objetivo não é ruminar, mas se libertar. Dê nome às suas perdas. Vá em frente, amiga. Ele já sabe.

DIA **3**

LAMENTANDO NOSSAS PERDAS TERRENAS

Havia muito sofrimento para nós suportarmos. Portanto, era necessário encarar todo o sofrimento, tentando reduzir ao mínimo os momentos de fragilidade e lágrimas secretas. Mas não havia necessidade de ter vergonha das lágrimas, pois as lágrimas testemunhavam que um homem tinha a maior das virtudes, a coragem de sofrer.

– Viktor E. Frankl, *Man's Search for Meaning* [Em busca de sentido]

Gente que tem cinquenta anos de idade não deveria querer fugir. Fugir é para crianças impulsivas de dez anos de idade, com ameaças irracionais e mochilas nas mãos: "Estou fugindo de casa! Todas as outras crianças podem ficar acordadas até tarde. Isso não é justo!".

Fugir é para crianças, não para adultos.

Pelo menos devia ser. Eu queria chorar junto com todas as crianças de dez anos maltratadas do mundo: "Não é justo!".

A vida era insuportável. Eu me sentia sufocada com as crescentes responsabilidades e impossibilidades de cada dia lentamente tirando meu ar.

Eu não aguentava mais, todos os dias longos e difíceis se enfileiravam um após o outro, sem nenhum fim ou alívio à vista.

Dei uma olhada na mala no meu armário. Mas eu não tinha mais dez anos. Ou seja, peguei meu par de tênis de corrida. Então, ao colocar a guia no pescoço de Vesper, meu labrador preto e parceiro de corrida, saí em direção à rua, fechando a porta dos fundos com mais entusiasmo. Eu não podia fugir, mas podia correr. E me sentia louca o suficiente para correr um milhão de quilômetros.

Não cheguei ao fim do quarteirão antes que a raiva desse lugar ao choro. Parei, puxando o ar em uma tentativa de me acalmar, esperando que meus vizinhos estivessem ocupados demais com suas vidas perfeitas para perceberem o declínio da minha vida. Balançando minha cabeça, olhei para o céu, minhas muitas lágrimas escorrendo pelo meu rosto simbolizando minhas perdas.

Isso não é justo! Não era justo eu ter sonhado com o ministério e me casado com um pastor apenas para acabar divorciada e mãe solteira aos 27 anos. Não era justo meu segundo casamento ter vindo com tantas dinâmicas dolorosas e complicadas e da família do meu cônjuge também. Não era justo que eu tivesse sobrevivido ao câncer uma vez aos trinta anos, apenas para enfrentá-lo mais duas vezes aos quarenta, tudo isso enquanto via meu pai morrer de câncer, quando eu precisava dele para me ajudar a superar a minha doença. Depois, houve a adoção de mais três crianças quando finalmente estávamos prestes pela primeira vez a ser pais de um ninho vazio. E, além disso, cada dia vinha com a dor constante e a incapacidade de um corpo pós-câncer.

Já chega, Deus. Isso não basta?

A fúria que me impulsionou a usar os tênis de corrida provou que a raiva era apenas uma cortina de fumaça para minha dor. Uma vida inteira de perdas me destruiu, e me senti soterrada por minhas circunstâncias inevitáveis. Sim, eu sabia que ainda tinha muita coisa para agradecer. Eu tinha uma casa para morar, comida para comer, uma família para cuidar. E, no entanto, a vida que vivíamos não era fácil. A realidade disso era esmagadora, agravada pela verdade de que provavelmente nunca mudaria. Não havia Terra Prometida para mim deste lado do céu. Assim como com os filhos de Corá, no Salmo 42, minhas lágrimas eram meu alimento dia e noite, e com razão.

Essa não foi a primeira vez que senti uma onda de tristeza, e não seria a última. Tenho muitos dias assim em que as perdas que carrego parecem uma mochila pesada como o chumbo que não consigo largar. Elas me acompanham, lembrando-me do que elas são, do que poderiam ter sido e do que nunca serão. As colegas bem-intencionadas, incapazes de compreender minha vida diária, tentam explicar meu sofrimento: "Veja como Deus está usando você!" e "Deus deve ter um grande lugar para você no céu!". Embora essas tentativas de encorajamento sejam sinceras, elas não oferecem alívio. As palavras pouco fazem para aliviar o peso. E então continuo, com os tênis de corrida e a mochila, carregando minhas perdas e chorando ao chegar ao final do quarteirão.

Sei que minha realidade não é muito diferente das outras pessoas. Os detalhes de nossas histórias podem ser diferentes, mas cada um de nós carrega a tristeza. Independentemente de onde venha, sentimos uma sensação de injustiça. As crianças não devem ter medo daqueles que deveriam cuidar delas. As carreiras não devem terminar sem aviso prévio, deixando os desempregados sem meios para pagar as contas. As nações não devem viver com medo da revolução; as igrejas, com medo da divisão; os casamentos, com medo do divórcio. E, no entanto, aqui estamos. Os governos desmoronam, as igrejas se dividem, os casamentos acabam, os empregos ficam escassos. E consequentemente, a humanidade chora: *Isso não é justo!*

O autor N. T. Wright expressa melhor: "A lamentação é o que acontece quando as pessoas perguntam: 'Por quê?' e não recebem uma resposta".[14]

Exatamente.

Foi a lamentação que quase me fez fugir, ela que eclodiu em raiva e lágrimas enquanto eu corria até o fim da minha rua. A lamentação reprimida gera uma alma amargurada. Mas a lamentação feita a um Deus amoroso é dar voz ao pesar de uma alma para o único que pode pegar as notas discordantes da dor e escrevê-las em uma canção.

Lamentar nossas perdas terrenas não é apenas uma cura, é algo sagrado, uma parte tão importante da adoração quanto um coração cheio de alegria.

Cinco minutos para desenvolver sua *fé*

Ó Senhor, Deus da minha salvação, a ti clamo dia e noite. Que a minha oração chegue diante de ti; inclina os teus ouvidos ao meu clamor (Salmos 88:1-2).

Para muitos de nós, a prática da lamentação não é fácil. Talvez alguém tenha nos ensinado que demonstrar nossos sentimentos é sinal de fraqueza, ou talvez tenhamos medo de contar a Deus a verdade sobre como nos sentimos seja desrespeitoso. Para mim, eu tinha medo de que, se eu desse voz à minha tristeza, a barragem se romperia e as emoções me arrastariam correnteza abaixo. Considere quaisquer reações ou resistências que você sinta em relação à prática da lamentação e escreva-as em um diário ou ao lado deste livro. Seja o mais clara possível sobre o motivo pelo qual evita a prática da lamentação. Então leia o Salmo 88, uma oração de lamentação. Destaque ou sublinhe qualquer coisa que possa fornecer uma nova liberdade a esta prática.

DIA 4

LAMENTANDO NOSSAS PERDAS ESPIRITUAIS

*O que eu sou sem ti, ó Deus? Um guia para
a minha própria perdição!*

— Agostinho, *Confissões*

Durante meses tenho observado, junto com o resto do mundo, a Rússia,
liderada pelo presidente Vladimir Putin, incansavelmente e sem motivos, atacar a nação soberana da Ucrânia. Esse ataque tem sido interminável e meu coração dói a cada nova notícia sobre a guerra e o preço
das vidas humanas. Mesmo sentada em segurança em meu escritório
em casa, sei que as pessoas na Europa Oriental não sentem o mesmo
conforto. A guerra está bem na frente deles. E quando ouso considerar
seriamente sua situação, devo admitir que armamento bélico avançado
significa que também não estou tão distante ou tão segura. Bastaria o
capricho de um louco para nos reduzir ao pó.

Sinto-me impotente para prever exatamente como tudo isso vai acabar. Os jornalistas e os cientistas políticos estão fazendo o melhor que
podem para antecipar o próximo movimento de Putin numa tentativa
de evitar o desastre. Mas ninguém sabe. É um jogo de xadrez com infinitos resultados potenciais. Quando este livro for impresso (considerando que não vamos virar pó), este jogo de alto risco terá progredido
por milhares de movimentos e contra-ataques. Será que o jogo acabou?
Ou apenas começou?

Parece não ter fim a capacidade humana para a injustiça. Esta manhã, as notícias contaram sobre um homem que agrediu sua namorada e sua mãe, a descoberta de uma caixa roubada contendo cabeças humanas, um incêndio sob investigação por ser intencional, e refugiados fugindo da Europa Oriental às centenas de milhares, a maioria com pouco mais do que podem carregar. Mais perto de casa, li meu *feed* do *X* seguido por um e-mail acalorado de nossa associação de moradores detalhando várias disputas entre os proprietários. O sarcasmo deles me apavora. Não somos amigos e vizinhos? E mesmo assim não consigo evitar de dentro das paredes da minha própria casa. Ontem mesmo quase perdi a paciência com uma adolescente de quatorze anos. Depois de suportar horas de mal comportamento, quase retribuí na mesma moeda. Não retribuí, quase que por milagre. Mas eu me esforcei para me comportar do mesmo jeito com ela pelo resto do dia. E minha resistência à paz travou uma guerra. Senhor, tenha misericórdia. Será que não há fim para nossa depravação?

Em Mateus 23, Jesus aborda diretamente os líderes religiosos de sua época com uma série de "ais". Sem pedir desculpas ou tentar ser sutil, Jesus denuncia o comportamento inconcebível deles, prometendo consequências para aqueles que cometem injustiça em nome da religião. Vemos a raiva justa de Jesus, o calor de sua santa frustração contra aqueles que usam sua posição religiosa para oprimir e ter poder.

A raiva de Jesus é explicada. Mas a raiva por si só não é suficiente. Pouco depois, Mateus nota uma mudança paradoxal no semblante de Jesus. Ele passa da condenação para a compaixão, aparentemente em questão de segundos: "Jerusalém, Jerusalém, você que mata os profetas e apedreja os que lhe são enviados! Quantas vezes eu quis reunir os seus filhos como a galinha reúne os pintinhos debaixo das asas, mas vocês não quiseram" (Mateus 23:37).

Com um clamor do fundo do coração, Jesus expressa indignação e dor pela perdição de Israel. Ele condena a rejeição constante de tudo que é bom e santo, ao mesmo tempo em que expressa compaixão pela necessidade de redenção. Em uma demonstração extravagante de ternura, Ele usa a imagem feminina de uma galinha para transmitir a profundidade de seu desejo por intimidade e sua tristeza pela falta dela. O *Ligonier*

Ministries resume esta imagem de Jesus desta forma: "O lamento de Jesus nos mostra que o sofrimento humano, em si mesmo, não agrada ao Todo-Poderoso. Embora Deus tenha ordenado a destruição de Jerusalém, sua vontade revelada nas Escrituras prova que 'tão certo como eu vivo, declara o Soberano Senhor, não tenho prazer na morte dos ímpios' (Ezequiel 33:11). Não somos perfeitos e santos e não temos o direito inerente de executar a ira. Como então podemos ter prazer na morte do pecador se Deus não encontra prazer na morte do ímpio? Nosso coração deve estar partido, e não alegre, quando vemos alguém se destruir por conta de sua própria maldade. Enquanto você lamenta a degeneração moral de nossa cultura, os outros conseguem ouvir tristeza em sua voz?".[15]

Quando leio as notícias, vasculho as mídias sociais e reflito sobre minha postura em casa, vejo muito mais evidências de indignação do que de pesar. Embora possamos ser capazes de denunciar injustiças, mal praticamos confessá-las. Quando foi a última vez que você lamentou a perdição do mundo, incluindo a sua? Enquanto comenta as manchetes, os outros conseguem ouvir a tristeza em sua voz? Nossa bondade hipócrita pode ser um disfarce para a arrogância. Nós, na igreja, causamos danos consideráveis quando subimos nos pedestais frágeis de nossa religião para podermos olhar de cima para quem é menos justo. Essa postura não poderia ser menos parecida com a de Jesus (Filipenses 2:5-8).

Sem Jesus, cada um de nós está totalmente e irremediavelmente perdido. Vamos lamentar nossa pecaminosidade coletiva. Vamos lamentar a perdição do nosso mundo. E assim misturar às lágrimas de Jesus as nossas lágrimas.

Cinco minutos para desenvolver sua *fé*

Até quando, Senhor, clamarei por socorro, sem que tu ouças? Até quando gritarei a ti: "Violência!" sem que tragas salvação? Por que me fazes ver a injustiça? Por que toleras a maldade? A destruição e a violência estão diante de mim; há lutas, e o conflito se levanta (Habacuque 1:1-3).

O livro de Tiago, no Novo Testamento, às vezes é chamado de "o evangelho do dia a dia". Sua mensagem geral é prática: como viver nossa fé, principalmente em circunstâncias difíceis. Esse contexto é essencial ao ler Tiago 4:8-9: "Aproximem-se de Deus, e ele se aproximará de vocês! Pecadores limpem as mãos, e vocês, que têm a mente dividida, purifiquem o coração. Entristeçam-se, lamentem-se e chorem. Troquem o riso de vocês por lamento, e a alegria, por tristeza". Que sério, hein? Não gostamos de nada que atrapalhe nossa felicidade. Mas Tiago instrui a incluir a tristeza e o luto como parte de nossa prática de fé. Hoje, vamos praticar a lamentação, permitindo-nos lamentar o estado do nosso mundo. Reserve um momento para ler as manchetes sobre sua nação, cidade e bairro, se ainda não leu. Então leve o que você leu e a emoção que isso desperta para o mesmo Jesus que chorou por Jerusalém.

DIA **5**

O DOM DE COMPARTILHAR O SOFRIMENTO

O caminho para ter mais fé geralmente passa pelo percurso espinhoso do sofrimento. O que é que eu não devo ao martelo e à bigorna, ao fogo e à lima?

— Charles Spurgeon

Recebi a mensagem do meu marido em meu telefone nas primeiras horas da madrugada.

"Dwight morreu ontem à noite."

Troy era amigo de Dwight há mais de trinta anos, e eu o conheço desde que conheço meu marido. Construímos nossa vida e ministério com ele. Ele tinha a nossa idade, era saudável e forte. Sem nenhum risco à saúde ou sinais de alerta. Apenas um homem comum de cinquenta e quatro anos de idade que amávamos.

Algumas semanas antes, Dwight tinha contraído Covid-19. E por algum motivo, o vírus atingiu-lhe mais forte do que a maioria das pessoas. Em poucas semanas, ele foi hospitalizado e, logo depois, faleceu.

Simples assim.

Essa perda mexeu conosco profundamente. A vida e a morte não seguem as nossas regras. Eu sei tudo isso. Mesmo assim, chorei muito nos dias que se seguiram, lamentando pelos seus quatro filhos e sua noiva. Orei para que Deus estivesse sobrenaturalmente presente com eles enquanto eu continuava a lhe fazer perguntas para as quais sei que não teria respostas deste lado do céu.

E então li estas palavras que escrevi há quase sete anos nas páginas do meu segundo livro, *I Am* [Eu Sou]: "Deus não espera que eu dance de alegria em seu túmulo vazio sem antes chorar diante de sua cruz. Não preciso esconder minha dor ou fingir que sou mais forte do que realmente sou".[16]

Às vezes, Deus usa minhas próprias palavras para me lembrar de uma verdade que Ele me ensinou há muito tempo. A dor, por mais confusa que seja, não é um sinal de falta de fé. É uma adoração honesta. Quando lamentamos o que perdemos e fazemos as perguntas para as quais não recebemos respostas, colocamo-nos diretamente aos pés de uma cruz injusta. Isso significa que nossos gritos de angústia são, na verdade, adoração. Uma adoração crua e nua que é direcionada ao único capaz de consertar o mundo novamente. Mas, às vezes, o lamento individual não basta. O isolamento não dá à nossa dor uma expressão completa. Ao contrário, precisamos do conforto da dor coletiva, de lamentarmos juntos. É por isso que, algumas semanas depois, aqueles de nós que conheciam e amavam Dwight reuniram-se para seu velório, para lamentarmos juntos. É fácil compartilhar o sofrimento de quem está próximo de nós. Mas e os indivíduos, as comunidades e as nações que não fazem parte do nosso círculo de convivência?

Em janeiro de 2022, uma mulher sino-americana que morava na cidade de Nova York, Michelle Go, preparou-se para embarcar num metrô. Em questão de segundos, ela se tornou vítima de um crime de ódio quando um homem a empurrou da plataforma para os trilhos de um trem que se aproximava. Inúmeros artigos de notícias contaram a história com detalhes sombrios e sensacionalistas, e muitos de nós os lemos. Mas nós sofremos? Não conhecíamos Michelle Go. Por que a perda dessa vida causaria impacto em nós? E, no entanto, como podemos ser completamente parte dessa existência humana sem permitir que a dor do outro se torne a nossa?

Em resposta à história de Michelle Go, Michelle Ami Reyes, uma amiga e autora que discursa intensamente sobre a importância de se conectar com outras culturas, publicou um artigo abordando três maneiras práticas para as igrejas participarem do lamento coletivo.

O caminho para uma igreja se tornar um espaço de cura racial é complexo, mas um elemento que toda igreja deve incluir é o hábito do lamento coletivo... Os líderes do púlpito da sua igreja falam toda semana sobre denunciar os pecados públicos (por exemplo: racismo, sexismo, misoginia, abuso etc.)?

Você pratica frequentemente o lamento nos cultos de domingo em canções de adoração, nas pregações e nas orações pastorais e coletivas?

Você organiza reuniões regulares de oração e lamento (semanais, mensais, trimestrais etc.) como igreja em que os membros têm espaço para compartilhar suas dores, lamentar e orar juntos como o corpo de Cristo?

É isso que as igrejas precisam fazer em meio às tragédias, sejam elas raciais, de causas naturais ou de outra fonte. Pare o que estiver fazendo. Cuide da sua congregação. Repense a liturgia, a pregação, o tom do seu culto de domingo. Dê atenção especial à tragédia que está devastando agora sua comunidade. Fale com o povo, reconheça a dor, chore com eles, olhe para as Escrituras e aponte-os para Cristo.[17]

O lamento coletivo está presente no cerne do evangelho. O próprio Deus deixou o conforto do céu para se unir à experiência humana coletiva por meio da vida e morte de Jesus. Ele sentiu em nosso sofrimento para que nós, tendo a certeza de que nossa vida é importante para Ele, possamos sofrer uns com os outros.

Esse é o nosso desafio. E esse é o nosso privilégio.

Cinco minutos para desenvolver sua *fé*

Alegrem-se com os que se alegram e chorem com os que choram (Romanos 12:15).

As instruções de Paulo em Romanos 12:15 sucederam logo após seu apelo aos leitores para "que ofereçam o corpo de vocês como sacrifício vivo, santo e agradável a Deus" (v. 1). Lamentar com aqueles que choram faz parte do nosso humilde culto como corpo de Cristo. Esse sofrimento compartilhado uns dos outros – lamento coletivo – pode ser praticado em vários ambientes: durante um culto na igreja, ao orar com algumas pessoas ou grupo de estudo bíblico, ou mesmo com uma amiga próxima ou com seus filhos antes de dormir. Por exemplo, nossa família sempre ora pela população de pessoas em situação de rua ao redor de Denver. Reconhecemos o sofrimento deles, principalmente quando o clima fica extremo, e pedimos a Deus que nos socorra. Nosso lamento coletivo também inclui o apoio a ministérios e ONGs de pessoas em situação de rua, financeiramente e de outras formas. Mas tudo começa com a oração pelo sofrimento deles. Como você pode compartilhar o sofrimento de outra pessoa hoje? Faça esta oração:

> *Pai, tu vês o sofrimento daqueles ao meu redor de modo mais nítido do que eu. Abra meus olhos para ver o que posso estar negligenciando. Comova meu coração com aquilo que comove o teu.*

Então, depois de ouvir o Senhor por um ou dois minutos, escreva quem Deus trouxer à sua mente e mãos à obra!

PARTE 2

A PRÁTICA DO LOUVOR

Para aqueles que cresceram na igreja, a palavra louvor é tão familiar que pode ter perdido um pouco do significado. Para aqueles que são novos na fé, a palavra pode ser tão desconhecida quanto um idioma estrangeiro. *Louvor* vem de uma raiz que significa "valor", ou reconhecer o valor de alguém ou algo. Louvamos muitas coisas e pessoas: celebridades, entes queridos, sorvete. Mas quando estamos sofrendo, nem mesmo o menor objeto de louvor pode nos ajudar. Portanto, a prática do louvor – reconhecer a realidade e o valor de Deus – torna-se essencial para uma fé que pode suportar as piores circunstâncias. Pois quando reservamos um tempo para considerar a magnitude e o mistério do nosso Deus, o Criador do universo e aquele que ama nossa alma, nossa dor é reorientada no contexto de sua presença e de seu poder. E apesar de tudo, descobrimos que não estamos sozinhas.

DIA 1

A BELEZA DE DEUS

Se alguém tivesse visto nossos rostos na jornada de Auschwitz para um campo de concentração da Alemanha enquanto contemplávamos as montanhas de Salzburgo com seus picos brilhando ao pôr do sol, através das pequenas janelas gradeadas do vagão da prisão, nunca teria acreditado que aqueles eram os rostos de homens que haviam desistido de toda a esperança de vida e de liberdade. Apesar de tudo — ou talvez por esse motivo — fomos levados pela beleza da natureza, da qual tínhamos perdido por tanto tempo.

— Viktor E. Frankl, *Man's Search for Meaning*
[Em busca de sentido]

Menos de trinta minutos atrás, acordei e engatinhei para fora da cama para começar meu dia. Caminhando na ponta dos pés o mais silenciosamente possível, o que meu marido afirma não ter sido tão silencioso, vesti meu robe e saí de mansinho do nosso quarto fechando lentamente a porta.

Esse é meu hábito diário. Eu me levanto antes do amanhecer, enquanto o resto da minha família dorme. Enquanto nossa máquina de café expresso automática enche uma única xícara de café com creme, pego um livro ou minha Bíblia — às vezes os dois — e me acomodo na minha cadeira de couro no escritório ou no sofá da sala, enrolada no meu cobertor favorito.

Não me lembro do trecho bíblico que estava lendo naquele dia, nem exatamente quanto tempo se passou antes que acontecesse. Mas lembro claramente como, no meio de uma frase, as páginas da minha Bíblia transformaram-se de bege para um tom suave de rosa. Puxando o fôlego, olhei para cima e vi a sala cintilando em cores. As almofadas, antes cinza e azul-marinho, pareciam quase roxas. As paredes − pintadas no ano passado de um cinza Sherwin-Williams − pareciam alaranjadas. O efeito, é claro, não foi que alguém tivesse repintado minhas paredes ou revestido minhas almofadas. Ao contrário, elas refletiam os vibrantes raios rosados do sol nascente que entravam pelas nossas janelas. Deixando meu cobertor e a Bíblia para trás, abri a porta dos fundos, saí correndo e olhei para cima.

O céu estava inundado de fogo. Já vi minha cota de nasceres do sol deslumbrantes durante meu tempo no Colorado. Mas nunca tinha testemunhado tanto brilho, tanta glória chocante. Peguei meu celular, determinada a capturá-lo com algumas fotos. Eu queria registrar o momento como a marca da mão de uma criança no cimento molhado.

Porém, cada foto revelou-se mais decepcionante que a anterior.

Em pouco tempo, os tons de rosa, laranja e roxo desapareceram, deixando no lugar tons comuns de cinza-azulado. A glória deu lugar ao ordinário. Ocupada em registrar a beleza, deixei passar a oportunidade de admirá-la. Eu estava distraída pelo reflexo em vez de me maravilhar com a fonte. E quando percebi meu erro, o momento já tinha passado.

A beleza é um meio pelo qual sinto a presença de Deus. Eu o sinto quando caminho por uma trilha na montanha ou me sento à beira de um riacho ou vejo o sol se pôr abaixo do horizonte no final de mais um dia. Eu o ouço na dança leve de um concerto de piano e vejo-o na paixão ardente de um maestro. Talvez seja porque a beleza não pode ser explicada ou domada. Há uma imensidão, uma maneira indomável e inexplicável de a beleza comover uma alma e inspirar a fé. Esse mistério obriga-me a ficar maravilhada.

Mas adorar a beleza em si é muito parecido com tentar registrar um nascer do sol brilhante com uma câmera amadora. Até mesmo a melhor fotografia é apenas uma representação limitada do original. Não é o objeto da beleza em si. Ao contrário, é o melhor ângulo de câmera.

Em sua obra *The Weight of Glory* [O peso da glória], C. S. Lewis descreve desta forma: "No presente, estamos do lado de fora do mundo, do lado errado da porta. Discernimos o frescor e a pureza da manhã, mas ambos não nos tornam novos e puros. Não conseguimos nos envolver no esplendor do que vemos. Mas todas as páginas do Novo Testamento sussurram umas às outras os rumos de que as coisas não serão sempre assim. Algum dia, permitindo Deus, nós *entraremos*".[18]

A prova da presença de Deus está em toda parte. Nós a ouvimos no som do canto dos passarinhos quando a primavera volta mais uma vez após um inverno rigoroso. Nós a sentimos nos braços calorosos do abraço reconfortante de uma amiga de confiança. Nós vemos Deus no milagre da gravidez e na alegria de tirar o fôlego do nascimento de um bebê. Reconhecemos sua presença no calor do sol e no brilho das estrelas no céu noturno. Ouvimos o Senhor na harmonia da composição de um músico e o vemos nas cores da tela de um artista. A beleza ao nosso redor fala da existência do Criador dela. E, no entanto, por mais que nos maravilhemos e suspiremos, todas essas provas são pinceladas únicas de uma grande obra-prima, notas inacabadas do nosso grande aleluia.

Em Romanos 1:20, Paulo escreve: "Pois, desde a criação do mundo, os atributos invisíveis de Deus – o seu eterno poder e a sua natureza divina – têm sido vistos claramente, sendo compreendidos por meio das coisas criadas, de forma que tais homens são indesculpáveis".

Cada momento que admiramos a criação, temos um vislumbre da glória de Deus. Mas não devemos adorar a beleza em si, mas sim o Criador dela. E quando adoramos corretamente aquele que segura a natureza, a música e a arte em suas mãos criativas, temos o princípio da fé.

Não se dê ao trabalho de tentar registrá-lo numa fotografia. Verá que o meio-termo é pequeno demais para Ele. Ao contrário, permita-se ser conquistada. O mesmo Deus que pinta o céu em glória chama você pelo nome. E vale a pena acordar cedo para adorá-lo.

Cinco minutos para desenvolver sua *fé*

Os céus declaram a glória de Deus; o firmamento proclama a obra das suas mãos. Um dia profere essa mensagem a outro dia; uma noite revela conhecimento a outra noite. Sem discurso nem palavras, não se ouve a sua voz. Contudo, a sua voz ressoou por toda a terra; as suas palavras, até os confins do mundo (Salmos 19:1-4).

Qual expressão da criação fala mais com você a respeito do Criador? As provas da realidade de Deus são abundantes. Procure por Ele — na cor vívida de um buquê de flores frescas, no cheiro de um pinheiro, na melodia da gargalhada de um ente querido. Quando encontrar evidências dele, escreva aqui ou em um diário. Observe e reconheça o valor daquele que criou tudo. "*Os céus declaram...*" Sim, eles declaram. Agora, erga sua voz em louvor à criação com esta simples oração:

Deus, hoje vejo evidências de ti _____ *em e em* _____ . *Tu és tão lindo! Obrigada pela nova garantia de que Tu estás presente e operando em todas as coisas. Fortaleça minha fé com essa verdade.*

DIA 2

A IRA DE DEUS

A prática da não violência requer que
se acredite na vingança divina.

– Miroslav Volf

Quando contei à minha amiga o que tinha acontecido, pude ver a raiva tensionar os músculos do seu pescoço. Ela não é do tipo que tem explosões de raiva. Nada de quebrar pratos ou socar paredes. Ela é uma das pessoas mais positivas que conheço, sempre controlada emocionalmente. Mesmo assim, eu precisava que ela ficasse chateada por mim. E dessa vez ela ficou.

Um relacionamento de longa data havia quebrado a minha confiança de uma forma dolorosa. Ou seja, sentia-me usada, desvalorizada e abusada. Eu contei a história de injustiça e rejeição.

"Por que isso sempre acontece comigo?", chorei. "Eu me doei por completo e, no final, não fez diferença nenhuma". O outro lado da moeda viria alguns dias depois, mas naquele momento, eu só sentia o coração partido.

Minha amiga já sabia disso. Ela sabia o quanto eu tinha me empenhado para honrar o relacionamento, o quanto eu tinha me sacrificado. Minha lealdade foi total e completa. Infelizmente, eu tinha descoberto que a lealdade não era recíproca.

Com lágrimas escorrendo pelo meu rosto, olhei para o rosto da minha amiga, reconhecendo o que estava borbulhando por dentro. A maioria não perceberia. Mas depois de anos de amizade, eu percebi.

"Você está com raiva?", perguntei.

Ela reagiu em questão de um segundo. "Estou! O que eles fizeram não foi correto. Não é certo que tratem os outros dessa maneira."

E com essas palavras, eu me senti aliviada. Era o que eu mais precisava naquele momento. A raiva dela validou minha ferida. Eu precisava saber que ela viu a injustiça que sofri e que seu amor por mim provocou uma reação, mesmo que apenas neste momento íntimo. Embora as circunstâncias não mudassem, sua raiva justa abrandou a minha, atenuando qualquer necessidade de retaliação contra quem me magoou. Foi o suficiente para saber que a injustiça que eu sentia era válida e que eu não estava sozinha nisso tudo.

Todas nós já passamos por momentos como esses, quando precisamos de alguém para dividir nossa indignação. Em vez de receber tapinha nas costas e ouvir um "isso passa", elas se sentam conosco em nossa fúria e se oferecem para quebrar um prato conosco. É empatia, é entrar de cabeça e compartilhar o conflito. E isso traz mais cura do que muitas vezes imaginamos.

Claro, pode ir longe demais. Se não for controlada, a empatia compartilhada a respeito de uma injustiça pode se tornar nociva e, em casos extremos, levar à violência coletiva. O pastor e autor Scott Sauls descreve isso bem: "Você sabe que o relacionamento e o senso de comunidade se tornaram nocivos quando o vínculo de ter um inimigo em comum se torna mais forte, mais atraente e prazeroso do que o vínculo de compromisso com a reconciliação e a verdade".[19] Quando atiçamos o fogo da raiva uns dos outros sem restrições, ela se espalha como um incêndio, consumindo tudo o que estiver em seu caminho, incluindo nós mesmos. Suspeito que todas nós já passamos por momentos como esse. E podemos chamar de tudo, menos de cura.

O que precisamos é de alguém que expresse a justiça absoluta e o amor perfeito. Precisamos do próprio Deus.

Muitas vezes ouço as pessoas expressando seus conflitos com o Deus da Bíblia. "Não posso acreditar em um Deus cheio de ira. Não consigo entender um Deus que mandaria as pessoas para o inferno. Deus tem que ser bom. E se Ele não for, eu não quero ter nada a ver com Ele." Eu entendo. Por muito tempo eu sequer tinha estômago para imaginar Deus irado. Como eu poderia orar a um Deus de ira? Como eu poderia buscá-lo com todos os meus fracassos, lutas e decepções se Ele podia me matar por puro capricho?

Foi só quando enfrentei uma série de duras injustiças que finalmente entendi a bondade e a justiça da ira divina.

Depois de passar minha infância orando por um casamento cristão, acabei me tornando uma mãe solteira rejeitada e divorciada aos vinte e sete anos.

Depois de dedicar minha vida à igreja, acabei abandonada e rejeitada por muitas pessoas que frequentavam a igreja e que, embora bem-intencionadas, não sabiam como aceitar alguém que tinha defeitos e estava arruinada.

Depois de fundar um ministério inteiro em torno do ensino e da oratória, tive um câncer que roubou minha voz e mudou para sempre minha capacidade de falar. E não foi uma, mas três vezes.

Mas tudo isso desvanece diante da dor que sinto quando considero as feridas que meu pai carregou e meus filhos mais novos carregam desde os primeiros anos de suas vidas. E quando considero o sofrimento injusto deles e como isso tudo se tornou meu sofrimento também, eu fico brava. Muito brava.

Nesses momentos, preciso saber que nosso Deus tem capacidade de ficar bravo. Não basta saber que Ele é um Deus de amor. Preciso saber que seu amor também incita a tomar uma atitude, que de alguma forma seu ágape profundo por mim e por meus filhos, por meus amigos e por minha família, e pelos outros no mundo que sofrem injustiças muito mais indizíveis do que a minha, fará com que Ele se levante e lute por nós.

Quando penso assim, não quero um Deus meigo. Quero um Deus cuja bondade seja tão boa que Ele não possa – e não vai – tolerar tudo o que é errado. Quero um Deus de justiça e ira que também seja a expressão perfeita do amor.

Um Deus limitado pelos seres humanos é muito pequeno. Precisamos de um Deus que seja incontrolável e insondável. Precisamos de um Deus de amor cujo pescoço fica vermelho de raiva quando Ele vê bebês sendo traficados e genocídios acontecendo. Precisamos de um Deus que, um dia, vai perder a paciência e anunciar com um brado santo digno de fazer muralhas virarem pó: *BASTA!*

É isso que Ele é. Aleluia, é isso que Ele é. Isso deveria nos aterrorizar. Mas também nos confortar.

Cinco minutos para desenvolver sua *fé*

> Senhor, ouvi falar da tua fama; tremo diante dos teus atos, Senhor. Realiza de novo, na nossa época, as mesmas obras, faz que sejam conhecidas no nosso tempo; na tua ira, lembra-te da misericórdia (Habacuque 3:2).

Em nosso desejo de tornar Deus acessível, às vezes, tornamo-lo menos poderoso. Mas um Deus fraco não pode redimir tudo o que está errado em nosso mundo. Precisamos de um Deus que seja ao mesmo tempo aterrorizante e amoroso, justo e misericordioso, poderoso e compassivo. Passe alguns minutos considerando a autoridade e o poder supremos de Deus enquanto lê Isaías 2 e Isaías 6:1-8. Destaque quaisquer palavras que falem sobre o terror de Deus. Não tente suavizar seus santos "extremos". Em vez disso, veja-o como Ele é em todo o seu poder e glória. Então considere como esse Deus santo, justo e íntegro é capaz de oferecer o conforto e a segurança que você anseia. Só Ele pode restaurar o que está quebrado. Só Ele pode consertar todos os erros. Só Ele pode oferecer justiça verdadeira onde não houve nenhuma. Porque só Ele é santo e amoroso.

DIA 3

A PRESENÇA DE DEUS

O que faz a vida valer a pena é ter um objetivo grande o suficiente, algo que prenda nossa imaginação e mantenha nossa fidelidade, e isso o cristão tem de um jeito que nenhum outro tem. Pois que objetivo mais alto, mais sublime e mais convincente pode existir do que conhecer a Deus?

— J.I. Packer, *Knowing God* [Conhecendo Deus]

Se o cochilo progressivo é uma arte, minha cadela, Vesper, é mestra nisso. Meu escritório domiciliar fica nos fundos da nossa casa, com uma grande janela panorâmica de dois metros que dá uma vista completa e livre da montanha que fica atrás de nós. Ele também fica de frente para o sudeste, o que significa que, quando o sol nasce, seus raios entram pela janela do meu escritório e pousam diretamente no meu tapete.

É lá que você encontrará Vesper todos os dias das oito da manhã ao meio-dia. Cochilando.

Mas é um cochilo progressivo. É parecido com os jantares progressivos que nossa família da igreja oferecia quando eu era criança – aqueles em que você vai de casa em casa para provar os diferentes pratos de um jantar, incluindo aperitivos, o prato principal e a sobremesa – minha cadela, bendito seja seu pequeno coração, vai pelo tapete do meu escritório enquanto segue o percurso do sol. Logo de manhã, quando estou começando mais um dia de trabalho, ela vai debaixo do sol sob meu tapete e para, deita e cai em um sono profundo e cheio de roncos, com os raios solares aquecendo sua barriga preta e brilhante. Uma hora depois, quando o sol se moveu alguns metros pelo tapete, ela acorda, se espreguiça com um enorme bocejo, caminha até o novo facho de sol, deita com a barriga bem no centro do facho e volta a dormir.

Esse é o padrão dela, do momento em que o sol nasce até que ele se põe além do alcance da minha janela. Então ela retorna para sua cama de cachorro, desanimada (se é que é possível uma cadela ter isso), e espera para recomeçar a rotina no dia seguinte.

Claro, cochilar progressivamente dá muito trabalho para uma cadela idosa e preguiçosa; todo aquele peso para levantar e se deitar, adormecer apenas para acordar e voltar a dormir. Mas ela não se importa. Vale a pena mergulhar no facho solar. Enquanto a observo, penso: *gostaria de ser um cão*.

Quando Deus chamou Moisés e os israelitas para deixar o Egito e viajar por um deserto até Canaã, a Terra Prometida, o maior medo de Moisés não era a falta de comida, água e abrigo. O que Moisés sabia que mais precisava, a cada passo do caminho, era da presença de Deus: "Então, Moisés lhe declarou: Se não fores conosco, não nos faças sair daqui. Como se saberá que eu e o teu povo podemos contar com o teu favor, se não nos acompanhares? Que mais poderá distinguir-nos, o teu povo e eu, dos demais povos da face da terra?" (Êxodo 33:15-16).

Moisés sabia que eles não sobreviveriam à jornada sozinhos. Então ele pediu o que mais precisavam. A presença de Deus com eles. Que homem sábio.

"O Senhor respondeu: Eu mesmo o acompanharei e lhe darei descanso. O Senhor disse a Moisés: Farei o que me pede, porque tenho me agradado de você e o conheço pelo nome" (v. 14, 17).

Pelos próximos quarenta anos, a presença de Deus acompanhou Moisés e os israelitas, a cada passo pelo deserto e para a Terra Prometida, na forma de uma coluna de nuvem durante o dia e uma coluna de fogo durante a noite (Êxodo 40:36-38). Quando a nuvem se movia, o povo se movia. Quando a nuvem parava, o povo parava. Eles seguiam as dicas da presença de Deus porque sabiam que estavam perdidos sem Ele.

Aqui estão as verdadeiras boas-novas, para você e para mim, milhares de anos depois daqueles israelitas no deserto: as colunas de nuvem e fogo prenunciavam uma presença maior, Emanuel, o Deus conosco. Sabendo que nunca conseguiríamos sozinhos, Jesus veio para viver conosco. E agora, através de sua morte e ressurreição, o Espírito de Deus vive em nós. De dia ou de noite, acordada ou dormindo, com o sol brilhando ou chovendo, Ele está bem aqui. E assim como o sol aquece a barriga de Vesper e lhe traz paz e descanso, Ele anseia que você e eu nos aconcheguemos no calor do Filho.

Deus está com você. Você sente o Espírito dele em você? Feche os olhos e permita que seu coração absorva sua presença. Você não está sozinha.

Cinco minutos para desenvolver sua fé

> Para onde poderia eu escapar do teu Espírito? Para onde poderia fugir da tua presença? Se eu subir aos céus, lá estás; se eu fizer a minha cama no Sheol, também lá estás. Se eu tomar as asas da alvorada e morar na extremidade do mar, mesmo ali a tua mão me guiará e a tua mão direita me susterá (Salmos 139:7-10).

Em 1905, Charles Hutchinson Gabriel escreveu um hino sobre o valor e a glória da presença de Deus. Lembro-me de segurar um hinário quando era menina na igreja e observar os rostos dos adultos ao meu redor. Eles cantavam as palavras deste hino com paixão e convicção, claramente comovidos pela consciência da presença de Deus.

> Eu, maravilhado por este amor por mim, a de Cristo constrange meu ser assim;
> Eu tremo, sabendo que Ele por mim sofreu, morreu, e por mim o seu sangue na cruz verteu.
> Maravilhoso! Ele me amou, então morreu na cruz por mim!
> Maravilhoso! Ele me amou, pois morreu por mim![20]

O rei Davi escreveu uma canção de adoração semelhante sobre a presença de Deus. Hoje, durante este exercício de cinco minutos, encontre um lugar tranquilo, talvez até mesmo em um facho de sol, para ler todos os vinte e quatro versículos do Salmo 139. Primeiro, leia-os lentamente, absorvendo a presença de Deus. Então, dê uma segunda olhada nas palavras de Davi, transformando sua oração em adoração. Seu Pai está como uma coluna de nuvem e uma coluna de fogo guiando você a cada passo do caminho para a Terra Prometida.

DIA 4

SEDENTOS POR DEUS

Ao descobrir em mim um desejo que nenhuma experiência desse mundo poderia satisfazer, a explicação mais provável é que eu tenha sido feito para outro mundo.

– C. S. Lewis, *Cristianismo puro e simples*

Eu não entendia o que era sentir sede até ficar duas semanas sem um único gole d'água.

Antes disso, o maior tempo que fiquei sem beber água foi antes de uma pequena cirurgia ambulatorial, quando a enfermeira me instruiu a não comer ou beber nada depois da mcia-noitc. Mesmo assim, pensei que morreria de sede. Mal sabia que poderia ser muito pior.

Quando os médicos descobriram que o câncer tinha voltado pela terceira vez, eles me deram duas semanas para colocar meus afazeres em ordem antes da minha próxima cirurgia. Este procedimento seria muito mais extenso do que os anteriores, envolvendo uma equipe de médicos e enfermeiros da sala de cirurgia e nove horas inteiras para ser concluído. Quando me levaram para a sala de recuperação e UTI, meu corpo ostentava quatro feridas cirúrgicas diferentes – na perna, no braço, no pescoço e na boca. Quanto a essa última, minha "nova" boca ostentava um enxerto de tecido vivo retirado de outras áreas do meu corpo que, tomara, operaria como uma língua artificial, permitindo-me comer, beber, engolir e falar, embora com muita dificuldade. As setenta e duas horas após a cirurgia foram críticas, enquanto a equipe cirúrgica observava para garantir que o enxerto não fosse rejeitado. Precisávamos garantir que o enxerto se fixasse. Então, não me deixaram nem tomar um gole d'água ou colocar pedaços de gelo para matar minha sede.

Duas semanas é muito tempo para ficar sem água. Catorze dias. 336 horas. 20.160 minutos. Tenho certeza de que contei cada segundo. Um tubo de alimentação colocado diretamente no meu estômago junto com uma intravenosa permitiu que os enfermeiros injetassem fluidos e nutrientes para me manter viva.

Mas não se deixe enganar: "beber" água por um tubo não faz muita diferença para aliviar a sede. É totalmente insatisfatório. E não faz nada para aliviar o desconforto espesso e arenoso de uma boca e garganta que ficaram secas.

Nunca vou esquecer o dia em que o médico finalmente autorizou que eu bebesse líquidos. A primeira coisa que pedi foi um copo de água fresca. E mais nada. Só água. E embora eu ainda não conseguisse beber ou engolir bem, não tenho certeza se já provei algo tão bom.

Sempre que leio a história da mulher no poço, em João 4, penso naquelas duas semanas de sede enlouquecedora.

Ao meio-dia, quando o sol estava a pino, essa mulher foi ao poço para tirar água. As Sagradas Escrituras não revelam seu nome, mas revelam partes feias de sua história que ela talvez preferisse manter em segredo. Claro, em uma cidade pequena como a dela, há uma boa probabilidade de que todos já soubessem. Casada cinco vezes e vivendo com um homem que não era seu marido, ela provavelmente não tinha permissão para tirar água do poço de manhã, junto com todas as mulheres mais respeitáveis.

Jesus sentou-se na beira do poço quando ela se aproximou. Acho que Ele estava esperando por ela. Ele conhecia a história dela. Mas em vez de se afastar, Ele se aproximou.

"Dê-me um pouco de água", pediu Ele (João 4:7). Um simples pedido. Porém, ela ficou perplexa.

"Como o senhor, sendo judeu, pede a mim, uma samaritana, água para beber?" (v. 9) Lançando mão das divisões étnicas para distraí-lo de sua condição moral, ela abordou a diferença de suas situações. Jesus não se deixou intimidar.

"Se você conhecesse o dom de Deus e quem está pedindo água, você lhe teria pedido e ele lhe daria água viva. Quem beber desta água terá sede outra vez, mas quem beber da água que eu lhe der nunca mais terá sede. Ao contrário, a água que eu lhe der se tornará nele uma fonte de água a jorrar para a vida eterna" (v. 10, 13-14).

A mulher lhe disse: "Senhor, dê-me dessa água, para que eu nunca mais tenha sede nem precise voltar aqui para tirar água" (v. 15).

Nos próximos momentos embaraçosos, Jesus deixou bem claro que sabia muito mais sobre ela do que ela gostaria que Ele soubesse. A profanação do casamento. O padrão de compromissos quebrados. O relacionamento imoral atual. Ele sabia de tudo. E, ainda assim, Ele estava ao alcance dela. Vendo a sede por trás do comportamento dela, Ele lhe ofereceu a única coisa que ela mais desejava.

Sentindo-se desconfortável, ela fez o melhor que pôde para encerrar a conversa. Mas Jesus estava apenas começando.

A mulher disse: "Eu sei que o Messias vem, e que é chamado Cristo. Quando vier, ele nos explicará tudo".

Então, Jesus declarou: "Eu sou o Messias! Eu, que estou falando com você" (v. 25-26).

E com isso, tudo o que ela tinha perdido foi encontrado. Jesus, a água viva, sentou-se ao lado dela e se ofereceu para enchê-la com Ele mesmo.

Como diz o autor Mark Buchanan: "Jesus sempre tem um alimento do qual nada sabemos. Mas Ele está disposto a compartilhar".[2] Quer nossas buscas equivocadas envolvam uma série de relacionamentos fracassados, rejeição pública ou algum outro fracasso, cada uma de nós tomou algumas decisões ruins em nossa busca para saciar nossa sede persistente. Repetidamente, corremos para os poços errados em busca de satisfação.

Jesus nos encontra lá. Com alimento e água que desconhecemos. Mas Ele está disposto a compartilhar o cálice cheio de sua presença para aliviar tudo o que secou por dentro.

Beba muito, minha amiga, e descubra seu cálice transbordando para uma nova vida.

Cinco minutos para desenvolver sua *fé*

> Enquanto isso, os discípulos insistiam com ele: Rabi, come alguma coisa. Ele, porém, lhes disse: Tenho algo para comer que vocês não conhecem (João 4:31-32).

Você está com sede? Você sente como se sua alma estivesse seca, ressecada por circunstâncias que não têm solução e perguntas retóricas? Jesus está sentado ao lado do seu poço, esperando para dar-lhe de si mesmo. Ele se oferece para satisfazer seus anseios. Você vai se aproximar dele? Muitas vezes é fácil encontrar o caminho para poços menores, poços que podem até oferecer um alívio passageiro. Eu poderia fazer uma lista desses poços menores, mas aposto que você já sabe quais são eles. Liste-os na margem do livro ou em seu diário, os poços que prometem água, mas não saciam. Nomeie-os e entregue-os a Jesus. Então peça a Jesus para saciar sua sede mais profunda com a água viva que Ele oferece.

DIA **5**

QUANDO OS QUEBRANTADOS ADORAM

Que teu desejo seja ver Deus. Teu temor, perdê-lo.
Tua dor, não te comprazeres na sua presença.
Tua satisfação, o que pode conduzir-te a Ele.
E viverás numa grande paz.

— Teresa d'Ávila

Eu cantei meu primeiro solo na sétima série.

Todos os anos, nós do coral da Parkside Junior High School tínhamos a oportunidade de participar de uma competição musical local. Não se tratava de quem ia ganhar ou perder, mas sim de ganhar experiência. Os participantes eram obrigados a selecionar uma música, ensaiá-la e, em seguida, apresentá-la diante dos jurados para receber o resultado.

Há muito tempo eu tinha pânico de qualquer apresentação pública. Embora eu tivesse participado de musicais infantis em nossa igreja, eu tinha o costume de ficar nos cantos, nervosa demais para arriscar e fazer papel de boba na frente da multidão.

Mas dessa vez, eu não queria recuar. A Sra. Scifres, nossa professora de coral, pediu voluntários e eu levantei a mão. Com certeza, com muita timidez, mas determinada.

"Edelweiss", eu lhe disse, depois de fazer minha seleção musical. "Eu quero cantar Edelweiss."

Ela concordou com a cabeça, receptiva à minha seleção de canção do filme *A Noviça Rebelde*, e eu comecei a ensaiar. Semanas depois, fiquei na frente dos jurados e enfrentei meu medo. Não me lembro da minha pontuação, não que isso importasse. Mas eu me lembro disso: Eu consegui me apresentar e não desisti.

Esse foi o primeiro de muitos solos. Pelos próximos vinte e cinco anos, eu tive aulas de canto, geralmente cantando na faculdade e viajando pelos Estados Unidos em um grupo universitário patrocinado; eu gravei um álbum (numa fita cassete!); eu liderava o culto nas manhãs de domingo, em retiros etc. Usar minha voz para cantar para o Deus que eu amava me fez sentir como se eu pudesse voar direto para casa, para o céu.

Mas isso tudo não durou muito tempo. No começo dos meus quarenta anos, o câncer custou-me dois terços da minha língua e uma boca e garganta queimadas pela radiação. Por mais de um mês durante o tratamento, minhas cordas vocais não funcionavam, inchadas demais para vibrar e produzir qualquer som. Usei um quadro branco para me comunicar, desejando saber se eu seria capaz de falar novamente, ainda mais, cantar.

Na verdade, eu voltaria a cantar. E sou grata. Mas não é a mesma coisa. Cantar exige um esforço extraordinário. E embora eu consiga cantar um ou dois versos, muitas vezes preciso fazer várias pausas durante uma música de três minutos. Mesmo assim, não vou ganhar nenhuma competição. Meu alcance vocal é grave, meu tom é rouco. E cantar faz minha garganta doer, minhas cordas vocais cicatrizadas e rígidas ficarem cansadas.

Cantar agora tem um custo. E, a menos que aconteça um milagre, será assim pelo resto da minha vida.

Sinto falta de cantar.

Ainda assim, no domingo passado, sentei-me na quinta fileira da frente, do lado esquerdo, como faço quase todo domingo. E enquanto os líderes de louvor e os instrumentistas derramavam sua adoração, eu fazia o mesmo. Sem me conter, sem autoconsciência sobre o som da minha voz. Eu cantei, bem alto e com orgulho, independentemente do desconforto ou qualidade da minha voz.

Por quê?

Se eu me permitir ficar em silêncio em meu sofrimento, a tristeza vence. Mas se eu cantar do lugar das minhas perdas, se eu virar meu rosto para o céu e louvar a Deus por sua bondade com uma voz desafinada, então as perdas são redimidas em nome do céu.

E isso, meus amigos, é o tipo de música mais belo.

Independentemente de como soe.

"Por meio de Jesus, portanto, ofereçamos continuamente a Deus um sacrifício de louvor, que é fruto de lábios que confessam o seu nome" (Hebreus 13:15).

O que você perdeu? O que tenta calar você e sua alma? Não deixe o sofrimento roubar sua adoração. Eu sei que não é fácil. É preciso um tipo diferente de coragem para subir no palco do seu sofrimento e oferecer seu eu ferido de volta para Deus. Mas a adoração que vem de nossas feridas é uma música singular. E quando isso é feito, você pode se ver voando direto para casa, para o céu.

Cinco minutos para desenvolver sua fé

> Eu te oferecerei um sacrifício voluntário; louvarei o teu nome, ó Senhor, porque é bom. Pois ele me livrou de todas as minhas angústias, e os meus olhos contemplaram a derrota dos meus inimigos (Salmos 54:6-7).

O louvor que brota do lugar da sua dor é o tipo mais bonito de música. Eu sei, é difícil, penoso, mas tenro. E ainda assim, quando você e eu escolhemos adorar em vez de nos retirar, abrimos espaço para um amor que é maior do que qualquer emoção. Um amor que escolhe amar e não é apenas emoção; que esvanece em comparação com o amor imenso do nosso Pai por nós. Escreva onde está sua maior dor. Use uma única palavra ou uma data, se assim preferir. Não importa. Então leia (ou cante) as palavras do Salmo 42 em voz alta, oferecendo um sacrifício de louvor.

PARTE 3

A PRÁTICA DA HUMILDADE

Nossa luta com a fé é geralmente um problema de atitude mais do que de dor. Ai, eu sei. Eu gosto de escrever isso tanto quanto você deve gostar de ler. Mas isso comprovou ser verdade na minha própria vida. Em algum lugar ao longo do caminho, muitos de nós passamos a acreditar que Deus nos deve algo. Achamos que se trabalharmos arduamente para sermos uma boa pessoa, merecemos uma vida sem problemas e sem sofrimento. Então, quando surge alguma dificuldade, nos sentimos traídos pelo Deus em quem confiamos para realizar nossos sonhos. Parece algo pessoal, como um castigo. Nada poderia estar mais longe da verdade. Deus já nos deu muito mais do que podemos retribuir – sua vida. E Ele nunca nos prometeu uma existência sem dor. Ele garantiu o oposto. A prática da humildade nos coloca na atitude correta com aquele que nos criou e nos ama. Deste lado do céu, sofreremos. Mas Ele prometeu que, se confiarmos humildemente nele, Ele nos dará uma recompensa bem maior do que nossos sonhos mais loucos.

DIA **1**

VENDO MEU VERDADEIRO EU

Quando vemos que a humildade é algo infinitamente mais profundo do que a contrição, e a aceitamos como nossa participação na vida de Jesus, começaremos a aprender que ela é nossa verdadeira nobreza.

— Andrew Murray, *Humility and Absolute Surrender*
[Humildade e rendição absoluta]

Mais de quinze anos após o fim oficial da Segunda Guerra Mundial, Adolf Eichmann, primeiro tenente, o cérebro nazista da *SS* por trás dos campos de extermínio, foi capturado e levado a julgamento em um tribunal israelense. O ano era 1961 e as ondas de choque daquela guerra horrível ainda repercutiam pelo mundo. Para muitos, a paz exigia a justiça. Assim, muitos dedicaram suas vidas a caçar e capturar criminosos nazistas. Incluindo caçadores de nazistas, como Simon Wiesenthal, que sobreviveu à prisão em vários campos de extermínio em busca da acusação dos criminosos, bem como de sua própria paz.

Durante o julgamento de Eichmann, os promotores apresentaram uma riqueza de evidências, incluindo milhares de páginas das próprias palavras de Eichmann, registradas durante o interrogatório pré-julgamento. Além disso, eles apresentaram ao tribunal uma testemunha ocular, um homem chamado Yehiel Dinur, um sobrevivente judeu de um dos campos de Eichmann. O testemunho de Dinur provou ser um componente essencial do caso da promotoria e, por fim, da condenação e sentença de morte de Eichmann.

Em fevereiro de 1983, vinte e dois anos após o julgamento e o testemunho de Dinur, Mike Wallace entrevistou Dinur para um episódio de *60 Minutes*. Durante a entrevista, Wallace mostrou a Dinur um vídeo do julgamento de Eichmann, o momento em que Dinur entrou no tribunal para testemunhar. Quando ele entrou e viu Eichmann sentado a vários metros de distância, ele desmaiou. Depois que o vídeo terminou, Wallace se virou para Dinur e perguntou a ele o motivo de seu desmaio. Foi medo? Ou ódio?

Nenhum deles. Dinur surpreendeu Wallace e os espectadores com sua resposta. Não foi ódio ou medo que causaram o desmaio de Yehiel Dinur no tribunal. Foi a mediocridade de Eichmann.

"Eichmann está em cada um de nós", disse ele. Sete palavras que abalaram a todos que as ouviram. Eichmann não era um monstro ou um dragão que cuspia fogo. Não havia nada de imponente ou assustador nele. Ao contrário, ele era comum, medíocre. Eichmann não parecia diferente do homem que encontramos na calçada ou do estranho que cruzamos na loja. "Eu estava com medo de mim mesmo", disse Dinur. "Eu vi que sou capaz de fazer tudo aquilo. Eu sou... exatamente como ele." Dinur se viu.[22]

Não tenho certeza se eu teria a mesma resposta. Raramente me permito ponderar o mal que sou capaz de fazer. É muito mais fácil ver as trevas nos outros. Embora minhas falhas sejam muitas, sinto a dor das infrações dos outros muito mais do que as minhas. Quando alguém que eu amo me magoa, é mais possível que eu sinta raiva pelo erro do que empatia pelo conflito do indivíduo. E – será que ouso dizer – algo obscuro dentro de mim quer até mesmo se vingar. Embora eles não tenham cometido atrocidades em massa, sinto-me forçada a exigir vingança por cada erro. E duvido que o peso do meu pecado me fizesse desmaiar. No livro do Êxodo, do Antigo Testamento, está a história de Moisés libertando os israelitas da escravidão no Egito. É bem provável que, mesmo que você tenha se convertido recentemente, esteja familiarizada com a história. Desde a última contagem, foram feitos algo em torno de sete filmes sobre a história do Êxodo, provando que uma narrativa de sofrimento injusto e resgate heroico atrai um público diverso, independentemente do segmento religioso ou da falta dele.

Embora meu contato inicial com a história do Êxodo tenha sido por meio de lições simplistas da escola dominical, aprendi desde então as muitas maneiras pelas quais o Êxodo prenuncia o evangelho: um povo escravizado pelo mal, um libertador enviado para resgatar e uma Terra Prometida aguardando aqueles que foram libertos. A jornada de Moisés prenunciou uma salvação melhor, que viria milhares de anos depois, quando Jesus – um nome que em hebraico significa "salvar" – morreu na cruz para libertar aqueles que eram escravizados pela humanidade pervertida.

Mas antes do Êxodo, os israelitas enfrentaram uma praga egípcia final: a praga dos primogênitos (leia Êxodo 11). Apesar dos avisos persistentes de Deus para "deixar o meu povo ir", o faraó permaneceu irredutível (Êxodo 2:23, 25). Preocupado com o sofrimento de seu povo e a dureza no coração de faraó, Deus enviou um anjo da morte para exterminar todos os primogênitos do sexo masculino, tanto seres humanos quanto gado. Um golpe devastador contra o mal. Mas é isso que eu quero que você perceba: a praga iria exterminar todos os primogênitos do sexo masculino, egípcios e israelitas.

Mas Deus ofereceu uma saída aos israelitas. Cada família deveria abater um único cordeiro macho sem nenhum defeito. Então eles deveriam pegar um pouco do sangue e aspergi-lo nas laterais e no topo do umbral das portas. Naquela noite, o anjo da morte daria o julgamento final, mas passaria e pouparia os lares israelitas cobertos pelo sangue do cordeiro.

Isso parece familiar? Milhares de anos depois, outro sangue do Cordeiro foi oferecido para qualquer um que recebesse sua cobertura. Mesmo assim, não devemos esquecer: o Egito está em todos nós. Os israelitas estavam destinados à morte, assim como seus feitores de escravos. A única diferença, a única salvação, era o sangue do cordeiro.

O teólogo e professor de Yale, Miroslav Volf, um croata que testemunhou a propensão da humanidade a ver o mal em todos os lugares, menos em si mesmo, conclui: "O perdão tropeça porque excluo o inimigo da comunidade de seres humanos ao mesmo tempo em que me excluo da comunidade de pecadores. Quando alguém sabe (como a cruz demonstra) que o torturador não triunfará eternamente sobre a vítima, ele ou ela está livre para redescobrir a humanidade daquela pessoa e imitar o amor de Deus por ele. E quando alguém sabe (como a cruz demonstra) que o amor de Deus é maior que qualquer pecado, a pessoa é livre para se ver à luz da justiça de Deus, e assim redescobrir seu próprio estado de pecado".[23]

Pois é, Eichmann e o Egito estão em todos nós. A única salvação para a humanidade, incluindo para você e para mim, é sermos cobertos pelo sangue do Cordeiro.

Cinco minutos para desenvolver sua *fé*

> Bem-aventurados os pobres em espírito, pois deles é o reino dos céus (Mateus 5:3).

Em nossa cultura que gasta tanto tempo e dinheiro falando sobre autoestima, a prática da humildade é cruelmente negligenciada. Desesperados para nos sentirmos bem, preferimos ficar cegos ao nosso pecado. Assim, continuamos escravos. Se for fisicamente possível para você, passe alguns momentos de joelhos em oração. Primeiro, olhe para si mesma com o máximo de clareza e honestidade que puder. Não tente se sentir melhor; não tente minimizar seu pecado ou carência. Diga a verdade e assuma tudo. Então, depois de enfrentar o seu eu corrupto, imagine Jesus cobrindo você com seu sangue. Faça esta oração:

Jesus, eu não mereço a tua libertação, mas eu a recebo. Obrigada por me salvar.

Chega de escravidão e vergonha, minha amiga. Agora é só liberdade.

DIA 2

SEM DESCULPAS

Humildade... é uma honestidade absoluta. Não podemos receber o que o rabino crucificado tem a dar a menos que aceitemos nossa situação e estendamos nossas mãos até nossos braços doerem.

– Brennan Manning, *The Rabbi's Heart*
[O coração do rabino]

Se você duvida da propensão da humanidade de negar responsabilidade, não precisa procurar mais do que meus três filhos adolescentes.

Por que você não colocou seus pratos na máquina de lavar louça? Você não me mandou fazer isso.

Por que você bateu na sua irmã? Ela estava me irritando.

Por que não fez sua tarefa? A professora não me cobrou.

Eu poderia preencher uma página inteira com os exemplos de "responsabilidade terceirizada" que ouvi apenas na semana passada. Nós, seres humanos, amamos dar desculpas, e aqui incluo meus filhos.

Para expressar nosso hábito de transferir a culpa, o falecido cartunista Bil Keane, em sua popular história em quadrinhos, *Family Circus* [O circo da família], introduziu um personagem invisível chamado Not Me [Não fui eu]. *Family Circus* (que estreou em 1960 e continua em produção até hoje) retrata a vida diária de um casal e seus quatro filhos. Inúmeras vezes, quando perguntavam quem fez uma malcriação, as crianças desviam a culpa, dizendo: "Não fui eu". Assim nasceu o personagem imaginário.

Embora eu deteste admitir, não sou melhor do que elas. É mais fácil dar desculpas do que olhar para si mesma. Afinal, quem gosta de uma cirurgia? É bem mais fácil desviar o bisturi para outro lugar.

E, ainda assim, sem honestidade não pode haver saúde. Como disse o pastor e autor Brennan Manning: "Tudo o que é negado não pode ser curado. A paz está na verdade".[24] Isso significa que, em vez de dizer um "Não fui eu", precisamos assumir: "Eca, fui eu".

Por que isso é relevante na nossa fé? A fé, por definição, exige confiar em algo além de si mesmo. Mas até que paremos de dar desculpas, nunca veremos nossa necessidade de nada ou de ninguém além de nós mesmos. A autossuficiência não precisa da fé.

O Rei Salomão reconheceu a sabedoria da correção de Deus e nossa confissão: "Meu filho, não despreze a disciplina do Senhor nem rejeite a sua repreensão, pois o Senhor disciplina a quem ama, assim como o pai faz ao filho a quem deseja o bem" (Provérbios 3:11-12). E o autor de Hebreus reconheceu o benefício a longo prazo da disciplina de Deus: "Nenhuma disciplina parece motivo de alegria no momento em que é recebida, mas sim motivo de tristeza. Mais tarde, no entanto, produz fruto de justiça e paz para aqueles que por ela foram exercitados" (Hebreus 12:11).

Uma ilustração poderosa dessa verdade é vista nas diferentes respostas de Pedro e Judas ao fracasso na noite da prisão de Jesus. Judas traiu Jesus e entregou-o para os líderes espirituais em troca de trinta moedas de prata, levando-os até o jardim do Getsêmani, onde eles o prenderam. Pedro, após a prisão de Jesus, negou conhecê-lo três vezes para evitar ter um destino semelhante. Ambos escolheram dar as costas ao homem que outrora chamavam de amigo. Porém, apenas Pedro acabou se tornando um líder fundamental na igreja após a ressurreição. E Judas ficou sozinho e cometeu suicídio.

O que fez a diferença? O que levou um homem à transformação espiritual enquanto o outro acabou em devastação espiritual?

Pedro fez mais do que se arrepender. Ao ouvir o galo cantar, ele se lembrou da dolorosa profecia de Jesus e, com uma faca espiritual, enfrentou seu verdadeiro eu. O que ele viu o devastou. Mas não o impediu.

A reflexão honesta de Pedro levou-o de volta para Jesus. E foi aí que a história de Judas entrou num impasse. Judas pode ter se arrependido, mas não voltou para seu Salvador. Como Manning diz: "Aceitar a realidade do nosso pecado significa aceitar nosso eu verdadeiro. Judas não conseguiu encarar seu lado sombrio; Pedro conseguiu. Este último fez as pazes com o impostor interior; o primeiro se enfureceu contra ele".[25]

Enquanto as desculpas levam ao isolamento, a confissão facilita a restauração, tanto com Deus quanto com os homens. Mas primeiro precisamos encarar nosso verdadeiro eu. O orgulho quer estar certo; a humildade admite que, muitas vezes, estamos errados. O orgulho quer dominar; a humildade quer se relacionar. Embora o orgulho acabe nos derrubando, a humildade acaba nos exaltando. O escritor e pastor sul-africano Andrew Murray deixa claro: "A verdade é esta: Ou o orgulho morre em você, ou nada do céu poderá viver em você".[26]

"Portanto, humilhem-se debaixo da poderosa mão de Deus, para que ele os exalte no devido tempo" (1Pedro 5:6).

Se você e eu quisermos viver cheias de fé naquele que tem o poder de redimir nossos maiores arrependimentos, devemos, assim como Pedro, ter a coragem de encarar nosso verdadeiro eu, sem desculpas. A graça pode alcançar apenas quem sabe que precisa dela. Não mais "Não fui eu". Apenas uma vida humilde que volta para o Salvador.

Cinco minutos para desenvolver sua fé

Pois eu mesmo reconheço as minhas transgressões, e o meu pecado está sempre diante de mim. Contra ti, somente contra ti, pequei e fiz o que era mau aos teus olhos, de modo que justa é a tua sentença e irrepreensível é o teu julgamento (Salmos 51:3-4).

Embora eu tenha vivido várias décadas, as mesmas fraquezas continuam a me atormentar. Isso também acontece com você? Você está em boa companhia. Aqui está uma pergunta importante para nós: quando erramos, nossa tristeza pelo pecado nos leva até Jesus ou para longe dele? Somos mais dependentes dele ou não? A atitude defensiva gera distância, mas a confissão cria conexão. Confie que Jesus não quer repreendê-la, Ele quer edificá-la. Não perca mais tempo se escondendo atrás de desculpas e culpas. Ao contrário, aproxime-se dele. Hoje, avalie seus arrependimentos. Escreva-os em seu diário ou na beirada do livro. Então pergunte a si mesma: eu assumo meus erros? Ou dou desculpas para eles? Eu os levo até Jesus? Ou os nego? Passe alguns minutos dizendo a verdade para Deus. Está tudo bem. Ele ama você assim mesmo.

DIA 3

A LIBERDADE DA CONFISSÃO

Na confissão ocorre a descoberta da cruz.

— Dietrich Bonhoeffer, *Life Together* [Vivendo em comunhão]

Se eu fizesse uma lista do meu entretenimento de infância, a lista não incluiria celulares, Netflix, Minecraft ou reality shows. Eles ainda não existiam. Eu tinha uns dezessete anos quando ganhamos nosso primeiro videocassete. (E o que é um videocassete, deve estar se perguntando? Um videocassete é um videogravador. Não precisa agradecer.) Logo depois, adquirimos uma grande coleção de fitas VHS. (E o que é uma fita VHS? É uma fita de vídeo doméstico de imagem superior, aproximadamente do tamanho e peso de um livro grosso de biblioteca.) Nossa coleção era predominantemente de filmes da Disney, como *A Pequena Sereia* e *As Peripécias do Ratinho Detetive*, e suas caixas de plástico volumosas ocupavam uma estante inteira de entretenimento. Que maravilha! Estávamos na era da maior tecnologia de ponta, o auge da inovação e realização humanas!

Eu doei todas essas fitas VHS há vários anos. Estou certa de que o jovem de dezoito anos que recebeu a doação não tinha a mínima ideia do que era.

Além de videocassetes e fitas VHS, meu entretenimento de infância incluía coisas como o Cubo Mágico (que está voltando!), um jogo eletrônico Merlin e uma coleção de bonecos Smurf. Mas sabe qual era a melhor parte da minha diversão de infância? Os seriados dos anos 1970 e 1980. *M*A*S*H*, *The Dukes of Hazzard* (*Os Gatões*), *Laverne & Shirley* e *Scooby-Doo*. (O *Scooby-Doo* original. *Scrappy-Doo* foi uma triste reviravolta no Scooby-Dooverso.) Talvez o melhor dos seriados? O único e inigualável *Happy Days* (*Dias Felizes*).

Estrelando o jovem Ron Howard, *Happy Days* mostrou a vida normal de um grupo de adolescentes que costumavam frequentar um restaurante chamado Happy Days. De 1974 a 1984, *Happy Days* entreteve o público com um total de 255 episódios. Mas talvez as cenas mais memoráveis de todas elas sejam aquelas em que Fonzie, o belo personagem motociclista vestido de couro, fez algo errado e precisou se desculpar. Apesar de toda sua presunção, ele não conseguiu.

"Eu erreeeeeeee...", ele tentava. "Foi maaaaaaaal...", não importava o esforço, ele não conseguia fazer as palavras saírem.

"Me descuulpp...a..." Não, essa também não.

Sem controle e confissão pública, os relacionamentos de Fonzie continuaram tensos. Seu orgulho era mais importante do que as pessoas. Embora fosse dolorosa, a confissão o levaria a um lugar de humildade e tornaria possível a restauração do relacionamento. Mas ele primeiro precisava superar seu enorme ego.

Quando se trata de confessar pecados, sejam eles grandes ou pequenos, não consigo pensar em nenhum exemplo maior do que na vida do Irmão Lawrence da Ressurreição. Ele foi um irmão leigo carmelita do século 17 que viveu toda sua vida na presença de Deus. *The Practice of the Presence of God* [A prática da presença de Deus], uma coleção de suas cartas e intuições, é uma fonte de consulta quando preciso rever a humildade e a confissão. Embora o irmão Lawrence tenha servido como cozinheiro no mosteiro, ele considerava que "praticar" a presença de Deus era sua verdadeira vocação.

Parte dessa prática incluía sempre confessar os pecados, fosse um pensamento rebelde ou uma atitude egoísta. Quando ele pecava, ele confessava a Deus com estas palavras simples: "Não posso fazer nada melhor sem ti. Por favor, me impeça de me desviar e corrija os erros que eu cometo".. Ciente de seus pecados e não surpreso com eles, ele declarou: "Essa é minha natureza, a única coisa que sei fazer". E se ele não pecasse, ele agradecia, sabendo que era somente a graça de Deus que o protegia de si mesmo.[27]

Simples? Sim.

Fácil? Não.

A confissão é contraintuitiva. O instinto nos faz querer esconder nossos erros debaixo de um verniz de confiança, um esforço duplo para salvar a arrogância e o relacionamento. Não queremos ficar envergonhados e nos sentir humilhados na frente de nossos amigos. No entanto, quando nos recusamos a admitir nossos pecados, acabamos sozinhos em nosso esconderijo.

Graças a Deus, o autor de Hebreus oferece uma saída: "Pois não temos um sumo sacerdote que não possa compadecer-se das nossas fraquezas, mas sim alguém que, como nós, passou por todo tipo de tentação, ainda que sem pecado. Assim, aproximemo-nos do trono da graça com toda a confiança, a fim de recebermos misericórdia e encontrarmos graça que nos ajude no momento da necessidade" (Hebreus 4:15-16).

Nosso Deus é compassivo para com nossa situação humana e nos dá coragem para confessarmos. Esta é a verdadeira liberdade, com Deus e uns com os outros. No processo, descobrimos um relacionamento mais profundo e autêntico. E talvez até mesmo dias felizes.

Cinco minutos para desenvolver sua fé

> Quem pode discernir os próprios erros? Absolve-me dos que desconheço! (Salmos 19:12).

Em uma escala de 1 a 10, com 1 representando ser como Fonzie e 10 representando ser como o irmão Lawrence, o quanto você se sente à vontade com a confissão? Você rapidamente diz "me desculpe" e "eu estava errado", mesmo quando ninguém exige que você faça isso? Passe alguns momentos pedindo a Deus para revelar as questões que você precisa confessar. Então, estude os capítulos 9 e 10 de Neemias. Quando os israelitas retornaram a Jerusalém e reconstruíram seus muros, eles reconheceram o quanto tinham se afastado da lei de Deus e da necessidade de confessar seus erros. Neemias 9 revela o processo de confissão e Neemias 10 detalha o plano de arrependimento. Anote tudo o que aprender, então considere como você pode aplicar essas ideias. Lembre-se: a confissão é o caminho para a conexão. Não tenha medo. A graça de Deus está pronta.

DIA **4**

A POSTURA DA HUMILDADE

Viver pela graça significa reconhecer toda a minha história de vida, o lado bom e o lado ruim. Ao admitir meu lado ruim, aprendo quem sou e o que a graça de Deus significa. Como Thomas Merton disse: "Um santo não é alguém que é bom, mas que vivencia a bondade de Deus".

— Brennan Manning, *The Ragamuffin Gospel*
[O evangelho maltrapilho]

Ele estava bravo. Isso era óbvio. Mesmo do meu assento no ônibus no aeroporto, eu podia ver aquele homem com a mandíbula cerrada e sangue nos olhos. Olhei para o motorista do ônibus, que estava parado na porta, e de volta para o homem, que estava parado no meio-fio ao lado de sua esposa e cercado por sua bagagem. Senti uma pontada de empatia pelo motorista por causa da bronca que ele estava prestes a receber.

"Sinto muito, senhor", ele disse lá da porta. "Não tenho mais espaço. O próximo ônibus chega daqui alguns minutos."

O homem não estava aceitando.

"É sério isso?! E você deveria nos pegar lá." Ele apontou a vinte metros de distância para um espaço ocupado por dois outros ônibus do aeroporto. "Era onde eu estava."

A fúria dele transbordava. Eu queria me enfiar em um buraco e eu nem era o objeto da raiva do homem.

O motorista do ônibus tentou, mais uma vez, se desculpar.

"Sinto muito, senhor. Tinha outro ônibus lá. Cheguei o mais perto que pude."

O homem se recusou a ceder.

"Mentira! Não tinha ninguém lá." Sua voz continuou aumentando, como se ele pudesse fazer dois assentos vazios aparecerem no ônibus com sua raiva. "Vou ligar para seu gerente. Acho que você não valoriza seu trabalho."

Mais uma vez, nosso motorista só conseguia se desculpar. "Sinto muito, senhor. Outro ônibus está virando a esquina." Ele tentou mostrar ao seu possível passageiro os bagageiros lotados, mas nada adiantava. Hoje ele não teria misericórdia.

Quando as portas do ônibus se fecharam, dei um suspiro de alívio, junto com meus companheiros de viagem. Nenhum de nós queria compartilhar uma viagem de quinze minutos com aquele homem furioso. Fizemos o possível para encorajar nosso motorista, mas o estrago já estava feito.

Algumas semanas atrás, li estas palavras e tenho pensado nelas desde então: "Lembre a todos que se sujeitem aos governantes e às autoridades, sejam obedientes, estejam sempre prontos a fazer tudo o que é bom, não caluniem ninguém, sejam pacíficos e amáveis, *e mostrem sempre verdadeira mansidão para com todos os homens*" (Tito 3:1-2, ênfase da autora).

"Mostrem verdadeira mansidão para com todos os homens", Paulo escreveu a Tito em uma carta destinada a oferecer orientação a um jovem que seguia os passos do apóstolo no ministério. Quer estejamos pregando atrás de um púlpito ou parados no meio-fio de um aeroporto esperando uma carona, Paulo nos lembra que a mansidão não é algo para, de vez em quando, tirarmos do bolso e usarmos quando for conveniente. Não é apenas para quando sentimos vontade ou para aqueles que merecem recebê-la.

Mostrem a verdadeira mansidão para com todos os homens. Sempre. Ponto final.

Isso é difícil para mim.

Por quê?

Bem, para começar, a mansidão não é algo natural para mim. Decisão? Determinação? Coragem? Tenho todas elas, sem fazer muito esforço. Mas mansidão? Nem um pouco.

E segundo, bem... er... como devo dizer? Existe gente ridícula. (Eu avisei que a mansidão não é o meu forte.) Elas fazem coisas idiotas, agem de maneira tola e se comportam de um jeito que justificam qualquer coisa, menos serem mansos. Os seres humanos são tão *humanos*. E alguns dias eu não quero ser mansa. Eu quero dar uma bofetada neles e dar uma boa bronca.

Um exemplo é o homem do aeroporto.

Mas então temos a carta de Paulo a Tito, sua ordem para "mostrar a verdadeira mansidão". Logo após essas palavras, Paulo nos dá o motivo: "Houve tempo em que nós também éramos insensatos" (v. 3).

Eu? Insensata? De jeito nenhum!

Infelizmente, fui sim. Mais de uma vez (nesta semana). Eu falei mal, comportei-me mal e agi de maneiras que mereciam receber qualquer coisa, menos mansidão. Tenho sido mesquinha e impaciente com estranhos, amigos, colegas de trabalho, familiares. Tenho sido até mesquinha e impaciente com meu Deus sempre paciente. Insensata? Fui de sobra. "Contudo, quando, da parte de Deus, o nosso Salvador, a bondade e o amor pelos homens foram manifestos, não por atos de justiça por nós praticados, mas por causa da sua misericórdia" (v. 4-5).

Por causa da sua misericórdia.

Jesus não esperou que eu a ganhasse, merecesse ou provasse meu merecimento. Ele foi manso, bondoso e misericordioso porque é sua natureza ser assim. Sua mansidão não é por causa do meu caráter, mas por causa do caráter dele. Haverá momentos em que nossas palavras terão de ser firmes, diretas e sinceras. Haverá pessoas e situações que exigirão um confronto ousado.

Mas ousadia e mansidão podem funcionar muito bem juntas.

Esse chamado à mansidão não é um chamado para fazer o papel de capacho. É um chamado para uma postura.

É uma mansidão que vem da humildade, que entende completamente o que é ser a tola que recebeu a misericórdia que não merecia. E que anseia por ter essa mesma misericórdia para tantas tolas quantas forem necessárias.

Dallas Willard derruba qualquer um de nós que sente que está mais perto dos ouvidos de Deus do que qualquer outra pessoa como resultado de nossos méritos: "Quando Deus fala conosco, isso não prova que somos justos ou mesmo corretos. Isso nem mesmo prova que entendemos corretamente o que Ele disse. A infalibilidade do mensageiro e da mensagem não garante a infalibilidade da nossa recepção. A humildade está sempre em ordem".[28]

A humildade reconhece que qualquer habilidade de se aproximar de Deus é resultado da misericórdia, e não do mérito. Ela sabe profundamente que você e eu não merecemos a mansidão, a gentileza ou graça mais do que a pessoa ridícula ao nosso lado, no ônibus ou na beira da calçada. Mas, mesmo assim, nós a recebemos.

Avalie sua postura hoje, minha amiga. Estamos em um oceano de graça que não merecemos. Vamos oferecer a mansidão da humildade para qualquer um que encontrarmos.

Cinco minutos para desenvolver sua **fé**

> Ao contrário, quem quiser tornar-se importante entre vocês deverá ser servo, e quem quiser ser o primeiro deverá ser servo dos demais (Mateus 20:26-27).

Embora Jesus fosse Deus, Ele escolheu uma postura de humildade, tanto ao assumir a forma humana quanto em suas atitudes e ações. Embora Ele fosse e seja Senhor e Rei, Ele escolheu a servidão e o sacrifício por nós.

Filipenses 2 descreve esse contraste chocante entre a divindade de Jesus e sua humildade voluntária, uma postura que Paulo diz para imitarmos. Leia todos os trinta versículos de Filipenses 2. Depois de ler uma vez, volte e destaque qualquer evidência de humildade que encontrar. Então transforme essa evidência em uma lista curta e destacada, descrevendo a pessoa que demonstra humildade. Avalie sua própria vida. Hoje qual atitude você pode tomar para assumir uma postura de humildade?

DIA **5**

O REFÚGIO DA MISERICÓRDIA

*Somente dois aspectos mudaram a alma humana:
a queda e a graça.*

— Dr. Larry Crabb, *Connecting* [Conexão]

Eu vi seu pequeno perfil no espelho enquanto meu cabeleireiro fazia mágica no meu cabelo. Seus cabelos eram como uma coroa cinza de glória rala, pele desgastada pelo tempo, com uma bolsa taupe perfeita em seu colo. Enquanto seu estilista modelava seu cabelo grisalho em uma cadeira bem atrás de mim, meu estilista tentou tingir o meu. Algo que requer cada vez mais tempo e tinta para o cabelo. Mas estou aqui divagando.

Imaginei que ela estivesse perto dos oitenta anos. Ela ainda ia ao salão para arrumar o cabelo, assim como minha avó foi a maior parte de sua vida. Naquela época, as mulheres agendavam um horário semanal no salão, durante o qual seus estilistas lavavam e cacheavam seus cabelos para terem uma glória beatífica. Nenhuma mulher que se preze perdia seu horário semanal no cabeleireiro.

Mais ou menos na época em que minha coroa grisalha estava coberta com papel alumínio suficiente para se comunicar com formas de vida alienígenas, algo mudou. Como eu estava de frente para a direção oposta, olhei no espelho para descobrir o que estava acontecendo atrás de mim. Mas tudo o que eu conseguia ver era o estilista ajudando a mulher mais velha a se levantar e caminhar até o fundo do estabelecimento.

Foi quando notei o cheiro. Depois de meus primeiros anos trabalhando na área de enfermagem e dos anos seguintes cuidando dos meus filhos, eu sabia o que tinha acontecido: ela tinha defecado. Um acidente feio. Bem ali, completamente vestida e no meio de um salão de cabeleireiro.

Senti uma reação automática ao odor insuportável e às suas implicações. Mas eu não queria tapar meu nariz, virar minha cabeça, fazer qualquer coisa para aumentar a humilhação da mulher. Apenas uma coisa me impediu de reagir: não muito antes, eu tinha feito algo parecido. Vou poupá-la dos detalhes, mas acredite em mim quando digo que foi, sem dúvida, uma das experiências mais humilhantes da minha vida. Por meses, fiquei acamada e depois hospitalizada devido ao impacto cumulativo da quimioterapia e da radioterapia. E embora eu fosse uma jovem mãe com cuidados 24 horas por dia, meu corpo estava desligando e eu não conseguia mais controlar as funções básicas. E a humilhação de tudo isso me encheu de vergonha.

Naquele dia, enquanto eu estava sentada na cadeira do meu cabeleireiro com a cabeça desgrenhada, senti a humilhação da mulher. Uma hora antes, ela tinha saído de casa para arrumar o cabelo, algo que deveria tê-la feito sentir-se bonita. Porém, a vergonha engoliu sua relevância em algum lugar entre a cadeira do salão e a porta do banheiro.

Fechei os olhos e orei, pela mulher e por seu cabeleireiro que, gentilmente, acompanhou-a até o banheiro e ajudou-a a se limpar. Isso me fez pensar na enfermeira que fez o mesmo por mim, preservando os resquícios da minha dignidade ao oferecer misericórdia. Um presente que nunca esquecerei.

Todos os dias nos deparamos com pessoas em situações cuja dignidade está em jogo. O morador de rua na esquina. O paciente de Alzheimer que não consegue lembrar seu primeiro nome. A adolescente grávida de oito meses. O senhor idoso que pede para você repetir a mesma coisa meia dúzia de vezes porque ele não consegue ouvir. A mulher doente de quimioterapia com um lenço enrolado na cabeça careca. Em todos os casos, a vergonha rouba a relevância.

Vamos roubá-la de volta. A diferença entre humilhação e humildade é, muitas vezes, o fato de a misericórdia estar presente. A humildade faz rebaixar-nos à circunstância vergonhosa do sofrimento, porque reconhecemos facilmente que poderia ser uma de nós na mesma situação. Embora possamos nos sentir tentadas a nos esconder ou nos afastar, podemos praticar a misericórdia. Pode ser desconfortável, e muitas vezes sentiremos um pouco de sofrimento quando adentramos na vida de outra pessoa. Mas não é isso que a misericórdia fez por nós?

No início do Antigo Testamento, Deus deu a Josué, o líder dos israelitas, uma ordem estranha: "Diga aos israelitas que designem as cidades de refúgio" (Josué 20:2; leia também Números 35; Deuteronômio 4; Deuteronômio 19).

Ao todo, havia seis cidades de refúgio. Essas cidades eram lugares onde os criminosos podiam fugir e encontrar segurança. Durante esse tempo, a lei exigia uma prestação de contas de cada erro, bem como das consequências para cada infrator. Mas as seis cidades de refúgio concediam misericórdia. Sem entrar em detalhes, isto é o que você precisa saber sobre essas cidades:

Primeiro, se alguém cometesse homicídio culposo, o parente mais próximo do homem assassinado, chamado de vingador do sangue, tinha permissão para vingar a morte de seu parente. Olho por olho.

Segundo, o acusado poderia fugir para a cidade de refúgio, mas precisava chegar ao portão da cidade, o local típico para procedimentos legais, antes que o vingador o encontrasse.

E finalmente, após defender seu caso, o acusado seria obrigado a permanecer na cidade de refúgio até a morte do sumo sacerdote. Isso tinha a intenção de limitar a punição do culpado.

Agora leia isso mais uma vez. Você vê as implicações?

Deus Pai é o vingador supremo do sangue, o único verdadeiramente justificado para nos fazer pagar: "Pois conhecemos aquele que disse: 'Minha é a vingança; eu retribuirei'; e também: 'O Senhor julgará o seu povo'. Algo terrível é cair nas mãos do Deus vivo!" (Hebreus 10:30-31). Mas nenhum de nós sobreviveria um julgamento. Então Deus Pai enviou Jesus. Precisamos apenas correr para Ele para encontrar misericórdia: "Eu sou a porta; quem entra por mim será salvo. Entrará, sairá e encontrará pastagem" (João 10:9).

Quando seríamos livres e quando nossos pecados e medo da morte seriam removidos? Quando o sumo sacerdote morresse.

Jesus disse: "Está consumado! Com isso, curvou a cabeça e entregou o espírito" (João 19:30).

Embora Deus tivesse todo o direito de exigir um preço daqueles que quebraram a lei, Ele nos forneceu uma cidade de refúgio, Emanuel, Deus conosco, para que sempre, sempre tivéssemos um lugar para fugir e estar seguras.

"Não é o pecado que mais humilha, mas a graça", disse Andrew Murray.[29] E quando você e eu compreendermos a magnitude da misericórdia que recebemos, começaremos a viver como cidades de refúgio para os outros, lugares seguros para onde os humilhados e feridos podem fugir e encontrar também o refúgio em Jesus.

Cinco minutos para desenvolver sua *fé*

> Tem misericórdia de mim, ó Deus, tem misericórdia, pois em ti a minha alma se refugia. Eu me refugiarei à sombra das tuas asas, até que passe o perigo (Salmos 57:1).

Jesus é a nossa entrada na misericórdia de Deus, a cidade de refúgio para a qual podemos fugir e encontrar graça. O que isso significa para você pessoalmente? Onde você mais precisa de misericórdia neste exato momento? O Salmo 57:1 diz: "Tem misericórdia de mim, ó Deus, tem misericórdia, pois em ti a minha alma se refugia. Eu me refugiarei à sombra das tuas asas, até que passe o perigo".

Você se refugia sob os braços misericordiosos de Deus? Se sim, como você pode praticar a humildade ao oferecer um refúgio de misericórdia a alguém que precisa?

PARTE 4

A PRÁTICA DA RENÚNCIA

Se há uma coisa que desejamos, é ter o controle. Queremos poder, influência, a capacidade de conduzir as circunstâncias e as pessoas na direção desejada. Porém, por trás de nossas tendências controladoras está o medo. Somos programados para ver e evitar o perigo. Então, exercemos o controle em um esforço para preservar a vida. O problema é que a vida se recusa a ser controlada e continua cheia de perigos, independentemente de nossas tentativas de evitá-los. Mais cedo ou mais tarde, quando o inesperado nos destrói, devemos encarar a verdade do quanto não conseguimos controlar as coisas.

Hebreus 11 narra: "Ora, a fé é a confiança daquilo que esperamos e a certeza das coisas que não vemos. Pois foi por meio dela que os antigos receberam bom testemunho" (v. 1-2). A fé em nossa capacidade de controlar, no final das contas, leva-nos à decepção. Mas a fé no controle de Deus? Esse é o fundamento que protege nossa vida, não importa o que aconteça. É hora de abrir mão do controle para o único que pode controlar tudo.

DIA **1**

A BUSCA INCESSANTE PELO CONTROLE

Uma das coisas mais difíceis de decidir durante uma noite escura é se render ou resistir. A escolha geralmente se resume no que você acredita sobre Deus e como Ele age, o que significa que cada noite escura da alma envolve lutar com a crença.

— Barbara Brown Taylor, *Learning to Walk in The Dark*
[Aprendendo a andar no escuro]

Chovia muito do lado de fora da janela do meu banco do passageiro, como estava há horas. A chuva não é incomum no centro do Tennessee, mas essa foi uma chuva torrencial. Vindo para cima do Golfo do México, uma massa tropical se espalhou pelo estado em uma onda ameaçadora de tempestades, deixando rios alagados e quintais saturados pelos rastros. Meu motorista, Kyle, manteve as duas mãos firmes no volante, o que eu apreciei.

Apesar da chuva, o tráfego na I-65 continuou num ritmo constante. O horário de pico em Nashville é conhecido por seu tráfego congestionado, e este dia não foi diferente. Olhei para o meu relógio para verificar as horas. Eu ainda tinha bem mais de uma hora até meu avião partir para me levar de volta para casa. Ou seja, tempo de sobra para despachar minha bagagem e chegar ao meu portão, graças à pré-verificação da empresa de voo TSA. O que aconteceu depois é difícil de entender.

Em questão de segundos, Kyle e eu assistimos enquanto o carro na nossa frente aquaplanava na rodovia e ricocheteava em um caminhão semirreboque antes de girar na direção do nosso carro. Kyle, novamente com duas mãos experientes no volante, pisou no freio e manobrou para a direita, para evitar o carro que girava em nossa direção, enquanto ao mesmo tempo evitava bater nos outros carros viajando a mais de 100km/h em mão dupla.

Tudo aconteceu em menos de trinta segundos. Ainda não tenho ideia de como ele evitou uma colisão. Sem fôlego, Kyle encostou no acostamento na frente do sedan branco imóvel. Ficamos ali sentados, atordoados. Então nos viramos para olhar o carro atrás de nós.

Ah, não. O carro foi esmagado no lado do motorista, os airbags acionados bloqueavam nossa visão de qualquer passageiro. Eu não conseguia imaginar como alguém lá dentro teria sobrevivido sem ferimentos. E ainda assim, segundos depois, enquanto caminhávamos sob a chuva em direção ao carro branco, observei a motorista, uma jovem de vinte e poucos anos, rastejar pela porta do passageiro da frente para ficar na chuva conosco. Abalada, mas ilesa.

"Você está bem?", Kyle e eu perguntamos ao mesmo tempo.

"Sim, acho que sim", ela disse. Nós a examinamos para ter certeza. Nada de sangue, nenhum osso quebrado visível. Um braço direito arranhado e sensível, provavelmente do airbag, mas era só isso. Eu não conseguia acreditar. Que milagre.

"Graças a Deus por você estar usando o cinto de segurança", eu suspirei. Foi quando ela me surpreendeu mais do que o acidente em si.

"Eu não estava."

Eu cresci em uma época em que cintos de segurança eram opcionais. Lembro-me das viagens de vários dias em família pelos Estados Unidos, durante as quais meu irmão e eu transformamos o banco de trás do Oldsmobile dos nossos pais em uma espécie de parquinho. Não havia cinto de segurança para ser usado.

Muita pesquisa foi feita desde então para provar o valor de salvar as vidas por meio de um cinto de segurança. Não importa quantos anos de experiência temos, não importa o quanto somos habilidosos na direção, não podemos controlar todas as variáveis, incluindo o clima, as condições da estrada e os outros motoristas. Temos uma escolha: ou podemos arriscar e abrir mão do cinto de segurança, esperando que tudo saia conforme o planejado. É como jogar roleta-russa com um caminhão enquanto aquaplana em uma rodovia do Tennessee durante uma tempestade. Ou podemos confiar em algo mais forte que pode nos manter firmes quando acontecer algo inesperado. Um cinto de segurança. Eu recomendo fortemente o último modelo.

Isso vale para nossa vida de fé. Tudo se resume em como respondemos as seguintes perguntas:

1. Acredito que minha vida está em risco devido às circunstâncias inesperadas?
2. Acredito que, se e quando acontecer algo inesperado, Deus tem o poder de me manter firme?

Nenhuma de nós escapa desta vida ilesa. Mais cedo ou mais tarde, cada uma de nós acabará em um túmulo. A única questão é: em quem ou no que depositarei minha confiança para me salvar naquele dia?

Quer estejamos confiando em nossos próprios esforços, na sorte cega ou em Deus, estamos colocando todos os ovos na mesma cesta. Mas apenas uma cesta é forte o suficiente para segurar todos os ovos. "Venham a mim todos os que estão cansados e sobrecarregados, e eu darei descanso a vocês", disse Jesus. "Tomem sobre vocês o meu jugo e aprendam de mim, porque sou manso e humilde de coração, e vocês encontrarão descanso para a alma. Pois o meu jugo é suave, e o meu fardo é leve" (Mateus 11:28-30).

Sim, por favor, use cinto de segurança. É uma atitude inteligente e pode salvar sua vida. Mas nunca se esqueça: a segurança máxima que buscamos pode ser encontrada apenas em abrir mão do controle para aquele que é digno de tê-lo.

Jesus.

Ele é aquele em quem confiar, mesmo quando as tempestades sopram. Principalmente nesses momentos.

Cinco minutos para desenvolver sua *fé*

> Naquele momento, os discípulos chegaram a Jesus e perguntaram: Quem é o maior no reino dos céus? Chamando uma criança, colocou-a no meio deles e disse: Em verdade lhes digo que, a não ser que vocês mudem e se tornem como crianças, jamais entrarão no reino dos céus (Mateus 18:1-3).

Alguém aqui é um pouco controladora? Confie em mim quando digo que minhas duas mãos estão bem erguidas. Aqui vai uma pergunta difícil: onde você se vê tentando assumir o controle? Se não tiver certeza, dê uma olhada no que você tem medo. As coisas que você tem medo de perder geralmente estão ligadas ao que mais se controla. Se você teme mais por seus filhos, você os controlará e as pessoas que têm contato com eles. Se você tem medo de ficar sem dinheiro, você controlará demais suas finanças. Se você tem medo de ser abandonado ou ficar só, você pode acabar exercendo muito controle em seus relacionamentos, mesmo que isso signifique ficar seguramente isolada. Faça uma lista das áreas que você tenta ter o controle. Então erga suas mãos, e ore: "Eu abro mão por ti, Deus. Tu és o único em quem confio".

DIA 2

O ALÍVIO DE ABRIR MÃO

Se você ama qualquer coisa neste mundo mais do que a Deus, você esmagará o objeto desse amor sob o peso de suas expectativas, e isso acabará partindo seu coração.

— Timothy Keller, *Prayer* [Oração]

Desde que me lembro, sempre sonhei em ser mãe. Imaginei uma casa cheia de crianças, feriados em família cheios de alegrias e tradições, álbuns cheios de fotos da escola, férias em família e eventos importantes. Esse desejo influenciou onde escolhi cursar a faculdade e como construí minha carreira. Não queria que nada atrapalhasse meus sonhos de ter uma família. É por isso que em grande parte, descobrir que eu tinha câncer enquanto ainda criava meus filhos pequenos, deixou-me devastada. Olhei para meus filhos e não conseguia suportar a ideia de não fazer parte da vida deles.

Mas o que mais me doía era a possibilidade real de morrer, e então outra pessoa tomaria meu lugar como mãe dos meus filhos. Eu não queria que ninguém mais fosse esposa do meu marido ou mãe dos meus filhos. Essa era *minha* função. E o fato de que eu poderia não estar por perto para cumpri-lo me assombrava. Como consequência, tentei me apegar a eles com mais força. Claro, quanto mais você se apega às pessoas, mais elas se ressentem desse apego. O que parecia ser amor para mim parecia ser um sufoco para eles.

Esse sempre é o caso, mas não só com as pessoas. Busque obsessivamente o amor, e você irá perdê-lo. Busque receber afirmação e atenção, e elas vão se esquivar. Tente buscar o sucesso financeiro, e você o perderá. Todavia, afrouxe esse controle e talvez você encontre exatamente o que esteve tanto buscando.

Em 1857, um empresário de vinte anos rendeu-se a Deus. Embora não fosse rico para os padrões humanos, ele tinha talento para os negócios e desejava ter sucesso. Mas em seu vigésimo aniversário, ele chegou a uma profunda consciência da realidade de Deus e decidiu entregar tudo a Ele, incluindo seus sonhos de sucesso pessoal e financeiro.

Naquele dia específico, Thomas Maclellan escreveu uma oração abrindo mão de seus sonhos e planos para a vontade de Cristo. Essa renúncia radical é difícil de fazer em qualquer fase da vida, mesmo para aqueles que seguem Jesus há décadas. Mas é difícil imaginar um aspirante a empresário de vinte anos abrindo mão de seu futuro e sucesso iminente e entregando totalmente nas mãos de seu Deus. E, no entanto, foi isso que Thomas Maclellan fez. "Eu me entrego também à tua direção e tudo o que tenho para ser disposto por ti como tu achares adequado. Deixo a gestão a ti de todos os resultados e desejo que tu me capacites a dizer, sem reservas, não à minha vontade, mas seja feita a tua. Sabendo que tu governas todas as coisas sabiamente e sempre farás o que é melhor para mim."[30] Essa é apenas uma pequena seção da aliança que ele fez. Mas fornece um vislumbre de sua renúncia daquelas coisas às quais ele, de outra forma, seria tentado a se apegar.

Cento e cinquenta anos depois, a oração da aliança de Thomas se multiplicou na Fundação Maclellan e mais de US$ 600 milhões em doações totais. A disposição de um homem de entregar-se à vontade de Deus agora se transformou em gerações de homens, mulheres e dólares reinvestidos no reino. Tudo porque um homem estava disposto a abrir mão de tudo.[31]

Há uma história contada nos livros do evangelho de Marcos e Lucas sobre uma viúva pobre que foi ao templo para dar sua oferta (Marcos 12:41-44; Lucas 21:1-4). Momentos antes, Jesus havia emitido um alerta contra os mestres da lei, criticando-os por suas demonstrações de religiosidade enquanto "devoravam as casas das viúvas". Eles almejavam fama, buscando atenção e reconhecimento. Mas eles deixavam de socorrer quem mais precisava deles.

Nesse cenário, uma viúva entrou no templo junto com uma multidão de adoradores trazendo ofertas. Muitos depositaram grandes somas, fazendo um grande alarde com o som de suas doações. Mas a viúva ofereceu algumas moedas, uma quantia tão pequena que ninguém percebeu. Sua contribuição não poderia fazer diferença. Era pouco, mas era melhor do que nada.

Jesus observou: "Em verdade lhes digo que esta viúva pobre colocou na caixa de ofertas mais do que todos os outros. Todos deram do que lhes sobrava, mas ela, da sua pobreza, deu tudo o que possuía para viver" (Marcos 12:43-44).

Seja sua doação dinheiro ou ministério, é possível dar grandes quantias sem dar nada. E é possível dar pouco e ainda assim dar tudo. A viúva fez o que tantos outros acham difícil: ela não reteve nada. Provando que o próprio Deus era de fato seu tesouro mais verdadeiro, ela abriu mão de todas as suas riquezas terrenas. E, no final, ela saiu muito mais rica do que os outros.

Este é o presente de liberar, de abrir mão de tudo o que temos, até mesmo da nossa vida para um Deus que vê tudo. Seu sacrifício importa, seja ele grande ou pequeno. Confie nele e observe como sua fé cresce ao ofertar.

Cinco minutos para desenvolver sua *fé*

Estou crucificado com Cristo. Assim, já não sou eu quem vive, mas Cristo vive em mim. A vida que agora vivo no corpo, vivo a pela fé no Filho de Deus, que me amou e se entregou por mim (Gálatas 2:20).

Assim como a viúva com suas duas moedas, Thomas Maclellan entregou sua vida a Deus em uma oração em seu aniversário de vinte anos.

"Consagro tudo o que sou e tudo o que tenho, as faculdades da minha mente, os membros do meu corpo, minhas posses mundanas, meu tempo e minha influência sobre os outros, tudo para ser usado inteiramente para a tua glória e resolutamente empregado em obediência aos teus mandamentos enquanto tu me mantiveres vivo."[32]

Leia esta parte da oração mais uma vez e destaque quaisquer palavras ou frases que sejam importantes para você. Então encontre um lugar tranquilo, sem distrações, e faça a oração de Thomas em voz alta, entregando sua vida nas mãos do Deus que a ama mais do que tudo. "Àquele que é poderoso para protegê-los de tropeçar e apresentá-los sem mácula e com grande alegria diante da sua glória" (Judas 24).

DIA 3

NÃO SEGURE DEMAIS AS RÉDEAS DA SUA VIDA

Eu também acredito que muitos homens estão orando a Deus para preenchê-los, quando eles já estão cheios com outra coisa. Antes de orarmos para que Deus nos preencha, eu acredito que devemos orar para que Ele nos esvazie. Deve haver um esvaziamento antes que possa haver um preenchimento; e quando o coração é virado de cabeça para baixo, e tudo o que é contrário a Deus é expulso, então o Espírito Santo descerá.

— Dwight L. Moody

Eu comecei um novo treino há alguns meses chamado Método Lagree Fitness. É semelhante ao Pilates, porém bem mais desafiador. Por meio de uma série de movimentos lentos e repetitivos em uma máquina compacta chamada Megaformer, o Lagree foca no fortalecimento das fibras musculares curtas sem danificar o tecido conjuntivo. De baixo impacto, mas alta intensidade, o Lagree está me ajudando a desenvolver a força do meu core e da parte superior do corpo, junto com minhas pernas. Os movimentos são lentos, contínuos e, às vezes, brutais em sua dificuldade. O treino requer uma disciplina mental incrível para permanecer engajada em vez de desistir. Mesmo assim, eu amo tudo isso. E na minha idade, sei que essa construção de força é essencial para minha saúde geral, agilidade e longevidade.

Geralmente, durante os exercícios de Lagree, meu instrutor me lembra de "cuidar da postura dos ombros" e "não apertar tanto as alças". Conforme a intensidade (e a dor) do treino aumenta, minha pegada também aumenta. Muitas vezes, durante a aula de cinquenta minutos, percebo meus ombros encolhidos perto das orelhas e minhas mãos presas em uma pegada mortal nas alças. O desafio dos exercícios me faz ficar tensa e apertar mais as alças. A ironia é que isso desvia a atenção dos músculos que precisam se fortalecer. Quando afrouxo minha pegada, sinto minhas pernas e meu interior ficarem mais fortes. Abrandar minha pegada produz melhores resultados.

O mesmo é verdade para a jornada da fé. Muitas vezes, quando os desafios aumentam, reagimos dobrando a aposta e segurando ainda mais firme nas coisas e nas pessoas que mais amamos. Imaginamos que estamos no controle, sendo capazes de fazer com que as circunstâncias e as pessoas obedeçam a nossas vontades.

Mas uma pegada mais firme não vai entregar o que queremos.

A única maneira de você e eu não segurarmos demais as rédeas da vida nas coisas temporais é nos agarrarmos a Jesus acima de tudo. Quando Ele é o objeto de nossa maior afeição, podemos entregar as outras partes da nossa vida a Ele. E quando afrouxamos nosso controle em apegos menores, descobriremos uma nova força interior.

Irmão Lawrence, o monge carmelita que mencionei na prática da confissão, aprendeu a viver de forma desapegada na presença de Deus.

Um amigo escreveu mais tarde o seguinte sobre o irmão Lawrence: "A pior provação que ele poderia imaginar era perder seu senso da presença de Deus, que esteve com ele por tanto tempo. No entanto, sua confiança na bondade de Deus o fez ter certeza de que Ele nunca o abandonaria totalmente. Se ele encontrasse qualquer grande dificuldade na vida, ele sabia que o Senhor lhe daria a força necessária para suportá-la. Com essa certeza, o irmão Lawrence não tinha medo de nada. Ele acrescentou que não tinha medo de morrer para si mesmo ou se perder em Cristo, porque a entrega completa à vontade de Deus é a única estrada segura a se trilhar. Nela sempre há luz suficiente para garantir uma viagem segura".[33]

Embora ele nunca tenha alcançado sucesso mundano, o irmão Lawrence alcançou algo que poucos de nós já experimentamos: a paz de viver desapegado de tudo. Como resultado, ele sentiu uma alegria extraordinária na normalidade de sua vida diária. Embora sua vida não fosse isenta de desafios, ele encontrou sua paz ininterrupta simplesmente porque ele se apegou ao que mais importava: o próprio Deus.

Cinco minutos para desenvolver sua *fé*

> Confie no Senhor de todo o coração e não se apoie no seu próprio entendimento. Reconheça-o em todos os seus caminhos, e ele endireitará as suas veredas (Provérbios 3:5-6).

Parte da experiência do irmão Lawrence com a presença de Deus incluía a prática regular da rendição. Quando ele se sentia afastado da presença de Deus por causa de alguma distração ou mesmo pelo pecado, ele imediatamente voltava seu rosto para Deus com uma expressão de afeição: "Meu Deus, sou todo teu; faça o que quiseres comigo".[34]

Misturada a essas palavras está uma confiança no amor perfeito de Deus e uma crença de que Deus nunca agirá fora desse amor perfeito. Portanto, a rendição não traz pânico. O que há a temer ao se render ao amor divino? Para o exercício de cinco minutos para desenvolver sua fé de hoje, feche os olhos e faça a oração do irmão Lawrence: "Meu Deus, sou toda tua; faça o que quiseres comigo". Repita essa oração cinco vezes lentamente, liberando suas preocupações e inquietações com as mãos abertas para aquele que mais a ama.

DIA **4**

CONFIAR SEM GARANTIAS OU CONDIÇÕES

*Eles têm uma teimosia santa, assim como Jó.
Eles continuam acreditando que um dia, Deus
aparecerá e explicará tudo, ou talvez apareça
e se recuse a explicar qualquer coisa, mas fará
tudo ficar bem no final.*

— Mark Buchanan, *Spiritual Rhythm* [Ritmo espiritual]

Uma coisa é sonhar com uma reforma residencial. Outra coisa é sobreviver à realidade dela.

Como empreiteiro geral nos últimos vinte anos, Troy sempre observa a dolorosa desconexão entre o sonho de um cliente e a realidade de um projeto. Embora seja apelidado de reality show, o HGTV conta apenas uma versão de trinta minutos da história real. No início, os proprietários amam a reforma. Mas, depois de algumas semanas, o brilho do sonho se transforma nos escombros da demolição. Quando a reforma se torna uma bagunça – e todas as reformas são assim – a empolgação diminui e o espectador do reality mais otimista duvida de sua decisão.

Reforme minha casa, eles pedem. Mas não falam do barulho. Renove minha cozinha, mas não faça poeira. Construa um porão com acabamento personalizado, com uma sala de cinema de alto padrão e todos os enfeites, mas não gaste muito dinheiro.

Embora eles queiram um resultado bonito, a confiança vem com condições, o que é totalmente compreensível. E embora isso faça sentido ao contratar um empreiteiro geral para fazer um trabalho específico, o mesmo não pode ser feito na jornada da fé.

Quando se trata de nosso relacionamento com Deus, confiar com exigências não é confiar de verdade. É apenas uma transação. E Deus não está no negócio de uma relação trabalhista por encomenda. Duvido que seja o que realmente precisamos ou queremos de qualquer maneira.

Mesmo assim, confiar em Deus incondicional não é fácil.

Basta perguntar a Sadraque, Mesaque e Abednego, três homens judeus devotos que viviam na terra pagã da Babilônia (Daniel 3). Para garantir a lealdade de seus súditos, o rei Nabucodonosor fez um enorme ídolo de ouro, com aproximadamente vinte e sete metros de altura e dois metros de largura. Então ele organizou um culto de dedicação com todos os líderes em todo o Império Babilônico, incluindo Sadraque, Mesaque e Abednego, com a seguinte exigência: "Quem não se prostrar em terra e não adorá-la será lançado imediatamente em uma fornalha em chamas" (v. 6).

Quando o rei descobriu que Sadraque, Mesaque e Abednego não se curvariam ao ídolo como ordenado, ele ficou "furioso" (v. 13). Os espectadores pensaram que o ultimato de Nabucodonosor seria a ruína dos homens. Muito pelo contrário. Eles sabiam onde estava a lealdade deles antes mesmo de serem colocados à prova.

"Ó Nabucodonosor, não precisamos defender-nos diante de ti. Se formos lançados na fornalha em chamas, o Deus a quem servimos pode livrar-nos, e Ele nos livrará das tuas mãos, ó rei. Mas, se Ele não nos livrar, sabe, ó rei, que não serviremos aos teus deuses nem adoraremos a imagem de ouro que mandaste erguer" (v. 16-18).

Sempre achei essa parte do texto fascinante. Por um lado, eles alegam uma fé absoluta de que Deus os livrará: "Ele nos *livrará*" (v. 17, ênfase da autora). Então, logo em seguida, eles parecem se retratar: "Mas, *se Ele não nos livrar*" (v. 18, ênfase da autora). Será que isso é prova da falta de fé desses homens? Eles estão questionando o poder ou a vontade de Deus? Ou estão criando um plano B caso Deus não os socorra? Já passei por isso.

MULHERES INABALÁVEIS

Eu acho que não. A confiança deles não estava em seus planos. A confiança deles estava em uma Pessoa. Então, se Deus os livrasse ou não, eles permaneceriam firmes em sua fé porque sua salvação era certa, mesmo que eles se transformassem em cinzas.

Como o pastor Tim Keller disse em um sermão: "Eles eram espiritualmente à prova de fogo muito antes de serem fisicamente à prova de fogo".[35]

João 6 retrata essa tensão com traços definitivos. Quando as multidões alcançaram Jesus e os discípulos em Cafarnaum, perguntaram-lhe claramente: "O que precisamos fazer para realizar as obras que Deus requer?" (João 6:28). Em vez de dar-lhes uma longa lista de "pode e não pode", Jesus destacou a única coisa que eles achavam mais difícil: "A obra de Deus é esta: que creiam naquele que ele enviou" (v. 29). Ele então passou a se chamar de Pão da Vida (v. 35, 48) e desafiou seus ouvintes a "comer" da sua carne e "beber" de seu sangue (v. 48-58). Eles recuaram, pensando que ele falava de canibalismo. Jesus não estava falando sobre pão literal e sustento físico, mas sobre a vida eterna.

O que Deus mais quer de nós não são nossas boas obras ou nossos esforços bem-intencionados. O que Ele quer de nós é a única questão que mais lutamos para entregar: nossa confiança.

"Ao ouvirem isso, muitos dos seus discípulos disseram: Dura é essa palavra. Quem pode suportá-la? Daquela hora em diante, muitos dos seus discípulos voltaram atrás e deixaram de segui-lo" (v. 60, 66).

Muitas vezes eu vi homens e mulheres que uma vez reivindicaram Jesus como Senhor, voltaram atrás e não o seguiram mais. Perplexos com as palavras de Jesus e com as pessoas que o retratam mal, eles escolhem uma vida sem a fé e dúvidas a respeito da fé em vez de uma vida que abre espaço para ambos.

Nem sempre é fácil confiar em um Deus que nem sempre entendemos. Não é fácil confiar no amor divino quando seu sofrimento constante faz parecer que Ele é tudo, menos real ou bom. Quanto mais nossas perguntas permanecem sem respostas satisfatórias, mais nossa confusão aumenta e nossa confiança diminui. Afinal, alguns casamentos dão certo enquanto outros acabam. Alguns filhos voltam para casa enquanto outros permanecem distantes. E alguns diagnósticos terminam em cura enquanto outros terminam em morte. Quem decide quem obtém seu milagre e quem, para sua profunda tristeza, não obtém?

Quem pode me explicar a natureza aparentemente inconstante deste mundo mantido nas mãos de um Deus impossível de entender?

"Vocês também não querem ir?", Ele perguntou aos doze. "Simão Pedro respondeu: Senhor, para quem iremos? Tu tens as palavras de vida eterna. Nós cremos e sabemos que és o Santo de Deus" (v. 67-69).

Ah, exatamente. Para quem mais devo ir?

Meu Deus é capaz de me livrar, e Ele vai me livrar. Mas mesmo que Ele não me livre...

Eu confio em ti, Deus. Eu confio em ti.

Cinco minutos para desenvolver sua *fé*

> Todos esses morreram na fé sem terem recebido as promessas; viram-nas de longe e de longe as saudaram (Hebreus 11:13).

Faça uma lista de todas as situações e pessoas que estão fazendo você perder seu sono. Talvez seja uma criança que não está tomando as decisões que você gostaria que tomasse, um emprego que está parecendo cada vez menos adequado, uma conta pendente que você não tem a menor ideia de como vai pagar, questões não resolvidas sobre o cristianismo que a deixam se questionando se você está crendo em algo errado. Seja o que for que esteja lhe incomodando, escreva aqui nas margens ou em seu diário. Então escreva as palavras de Pedro a Jesus em João 6:68: "Senhor, para quem iremos? Tu tens as palavras de vida eterna". Se puder, acrescente suas próprias palavras: "Eu confio em ti, Senhor. Eu confio em ti".

DIA **5**

RENDER-SE COMPLETAMENTE

Deus não pede que você dê a rendição perfeita com base em sua força ou por sua própria vontade; Deus está disposto a operar isso em você. E é isso que devemos buscar — prostrar-nos diante de Deus, até que nosso coração aprenda a crer que o próprio Deus eterno virá para acabar com o que está errado, vencer o que é mau e fazer o que é agradável aos seus olhos. O próprio Deus fará isso em você.

— Andrew Murray, *Humility and Absolute Surrender*
[Humildade e rendição absoluta]

Foi preciso um terceiro diagnóstico de câncer para me forçar a abrir mão da minha vida.

Não que eu tivesse muita escolha, mas no ano anterior, eu estava incansavelmente tentando controlar meu destino. Mudei minha dieta, comendo menos açúcar e mais vegetais crus. Corria diariamente, finalmente completando minha segunda meia maratona. Seguindo o conselho de um médico que também era especialista em medicina alternativa, comecei um regime rigoroso de suplementos, bem como a praticar yoga, exercícios respiratórios, descanso consistente e alívio do estresse. Fiz tudo o que pude para ser uma mulher forte e saudável de quarenta e três anos de idade que queria vencer o câncer.

No meio desse esforço hercúleo, recebi meu terceiro diagnóstico de câncer, nove meses após o segundo.

Destruída não traduz toda minha tristeza. Eu empunhei todas as armas ao meu alcance. Nada funcionou. Não importa o quanto eu agarrasse o volante da minha vida, o câncer me lembrou, com uma clareza dolorosa, que tenho muito menos controle do que imagino.

Essa verdade me aterrorizou. Mas também me libertou.

Por mais assustador que um diagnóstico de câncer possa ser (e é), é igualmente assustador, se não até mais, sentir a responsabilidade total de todos os resultados da sua vida. Se tudo está sob nosso controle e somos os deuses de nossas próprias vidas, então quem somos nós para culpar quando nossos filhos fazem escolhas que não queremos que façam? Ou quando um casamento desmorona antes mesmo de ter começado? Ou quando se é demitido, ou uma igreja racha, um relacionamento se desfaz ou surge um diagnóstico? Podemos olhar para dentro e assumir toda a culpa, ou podemos olhar ao redor e ficar amarguradas com todas as maneiras de como a vida e as pessoas nos decepcionaram. De qualquer forma, acabaremos nos apegando às nossas vidas com tanta força que espremeremos a vida delas.

Na noite da prisão de Jesus no jardim do Getsêmani, Pedro estava convencido de que tinha coragem suficiente para suportar o que quer que estivesse prestes a acontecer.

"Senhor, estou pronto para ir contigo tanto para a prisão quanto para a morte" (Lucas 22:33). Pedro, porém, insistia ainda mais: "Mesmo que seja preciso que eu morra contigo, nunca te negarei" (Mateus 26:35).

Horas depois, quando vieram os soldados, Pedro pegou sua espada, pronto para cumprir sua promessa. "Simão Pedro, que trazia uma espada, sacou-a e feriu o servo do sumo sacerdote, decepando-lhe a orelha direita" (João 18:10).

A paixão e a intenção de Pedro eram nobres, pelo menos em partes. De certa forma, ele estava de fato pronto para defender Jesus. Mas ele ainda não estava pronto para render-se a Ele. E era isso que Jesus queria que ele fizesse, para permitir que o plano de redenção de Deus se cumprisse: "Guarde a espada! Pois todos os que empunham a espada morrerão pela espada. Você acha que eu não posso pedir ao meu Pai, e

Ele não poria imediatamente à minha disposição mais de doze legiões de anjos? Como, então, se cumpririam as Escrituras que dizem que as coisas deveriam acontecer desta forma?" (Mateus 26:52-54).

Não deixe de notar o que Jesus está dizendo aqui, porque é importante.

Pedro estava disposto a seguir Jesus, contanto que segui-lo fosse como ele queria: com uma espada e uma batalha física. Mas o plano de Deus era maior do que uma prisão à meia-noite num jardim. E quando seguir Jesus significou se render, ele achou mais fácil fugir do que desistir (v. 56). Para ser clara, este não é um comentário sobre guerra contra passividade ou mesmo um comentário sobre medicina tradicional contra medicina alternativa.

É sobre rendição.

A rendição completa significa seguir Jesus quando Ele chama para pegar suas armas ou quando Ele diz para largá-las, lutar a batalha ou se retirar dela, ir para onde Ele está enviando você ou ficar onde Ele a colocou. Envolve entregar sua necessidade de entender junto com sua necessidade de controlar, renunciando tanto aos resultados quanto aos meios para o Deus que está escrevendo uma história maior do que a pequena que você vive hoje. E então confiar nele para trazer uma nova vida, mesmo que isso custe a morte.

Não é fácil, eu sei. Meu Deus, eu *sei*.

No final das contas, iremos nos render a algo. Quer nos rendamos a nós mesmas, nossos relacionamentos, nossa ética de trabalho ou nossa equipe de médicos, colocaremos nossa confiança em tudo o que acreditamos ter o poder de orientar nosso caminho na direção certa. Mas renda-se à fonte errada e você verá sua vida ainda mais fora de controle. Tudo tem um prazo de validade. Nossos corpos se desgastam, nossos relacionamentos mudam, as crianças crescem e as carreiras mudam. Mais cedo ou mais tarde, tudo chega ao fim.

Exceto o próprio Deus. Renda-se a Ele, e você sempre estará em boas mãos.

Cinco minutos para desenvolver sua *fé*

> Se alguém quiser vir após mim, negue-se a si mesmo, tome diariamente a sua cruz e siga-me. Pois quem quiser salvar a sua vida a perderá, mas quem perder a própria vida por minha causa a salvará. Pois que adianta ao homem ganhar o mundo inteiro e perder-se ou destruir a si mesmo? (Lucas 9:23-25).

A rendição geralmente exige mais esforço do que a luta de espadas, principalmente para aquelas de nós que se esforçaram demais para permanecer no controle absoluto. A rendição parece arriscada, perigosa, sem rumo. E se não der certo? E se abrir mão for o primeiro passo para nossa derrota?

Ou se o contrário for verdade?

Considere o que está impedindo você de render-se completamente. Como tudo está funcionando para você? O que seria necessário para abrir mão do controle?

PARTE 5

A PRÁTICA DA SATISFAÇÃO

Quando o apóstolo Paulo escreveu uma carta de orientação ao jovem Timóteo, ele ofereceu o seguinte conselho: "De fato, a piedade com contentamento é grande fonte de lucro" (1Timóteo 6:6). Quando lemos as palavras de Paulo antes e depois dessas, parece que Timóteo encontrou alguns seguidores de Jesus que buscavam alavancar seu status como cristãos para obter lucro financeiro. Paulo queria que ele entendesse que o sucesso não é medido em dinheiro ou títulos, mas em um coração de satisfação, uma prática essencial para uma fé duradoura.

A satisfação não vem fácil para aquelas de nós criadas na sombra do sonho americano. Fomos condicionadas a acreditar que o que temos não é o suficiente. Queremos mais. No entanto, o evangelho propõe um caminho melhor. A satisfação é uma riqueza maior do que todo o dinheiro do mundo. E quando descobrirmos essas riquezas sozinhas, veremos as perdas como algo um pouco mais fácil de renunciar.

DIA **1**

A ARMADILHA
DA PRERROGATIVA

A vida de fé é vivida um dia de cada vez, e tem que ser vivida — e não esperada como se a vida "real" estivesse na próxima esquina. Somos responsáveis pelo dia de hoje. Deus ainda é o dono do amanhã.

— Elisabeth Elliot

Ensinar meus filhos a orarem tem sido mais desafiador do que eu imaginava. Oramos em família duas vezes ao dia: na mesa de jantar e na hora de dormir. É claro que também oramos em outros momentos. No mínimo, isso equivale a quatorze vezes por semana ou 728 vezes ao ano. Mas mesmo com toda essa prática de oração (que Deus nos ajude), ainda não acertamos o alvo.

Meu filho mais novo ora as mesmas palavras todas as noites em uma velocidade que provavelmente venceria Usain Bolt na corrida de cem metros. A oração termina antes que minhas pálpebras se fechem de sono, e tenho certeza de que poderia secar meu cabelo.

E então tem meu segundo filho. Ele agora tem quase trinta anos de idade, mas quando ainda era pré-adolescente e morava em nossa casa, ele transformou sua oração em uma variedade de *post-it notes*: "Querido Deus, obrigado pelos ACF. Amém".

Bum! Acabei.

Você deve estar se perguntando: "O que são os ACF?". Amigos, Comida e Família. Pois é, ele abordou tudo.

Em algum lugar ao longo do caminho, em nosso desejo de ensinar práticas de fé sólidas aos nossos filhos, não conseguimos ajudá-los a entender o significado e o propósito das práticas. As disciplinas espirituais não são uma lista de tarefas; quando feitas com uma previsibilidade religiosa, geram resultados igualmente previsíveis. Ao contrário, as disciplinas espirituais ajudam a construir músculos espirituais que nos permitem viver a vida diária de forma mais consistente em comunhão com Deus. Elas são os meios para o fim, e não o fim. Deus é o nosso objetivo final.

O que nos leva à prática da satisfação. A satisfação transforma orações transacionais, listas de orações em canais de relacionamento. Muitas vezes, nossas orações são um pouco mais do que uma lista de compras. Como um supermercado espiritual, identificamos tudo o que precisamos e esperamos que Deus faça nossas compras e apareça em nossa porta das 17 horas às 18 horas, com as sacolas nas mãos. Se Ele estiver atrasado ou (pior ainda!) estiver faltando alguns itens, deixamos uma avaliação nada glamorosa e talvez nem lhe damos a gorjeta. O SAC celestial deixa muito a desejar.

Abordar a oração dessa forma cheira a um direito podre. Uma coisa é pedir a Deus o que queremos e precisamos. Outra coisa é basear nossa afeição e confiança nele em sua entrega impecável.

O primeiro e necessário ingrediente para a satisfação é uma aceitação do fato de que não temos direito a nada (vá em frente e leia de novo).

Deus não nos deve nada. Não merecemos uma casa grande, um casamento feliz, filhos bem-comportados (ou pelo menos filhos), uma renda de seis dígitos na conta bancária e uma vida longa e saudável, incluindo uma morte tranquila durante o sono. O sonho americano não é algo a que você e eu temos direito, sejamos americanos ou não. Não é errado desejar esse tipo de vida, nem mesmo batalhar por ela. Mas, assim como os vermes nas frutas, o direito só estraga nossos desejos antes mesmo de darmos a primeira mordida nelas.

Leve isso em consideração: água corrente, banheiros e rede de esgoto. Acesso a um convênio médico. A habilidade física para trabalhar. A habilidade de ouvir, ver, saborear, tocar, sentir. Água potável para lavar a louça, as roupas e tomar banho. Socorristas quando ligamos para o SAMU. Lugares públicos e seguros para fazermos nossos cultos. Educação. Ar puro. Uma expectativa de vida de setenta anos. Tylenol. Internet. Saber ler e escrever. Há muitas chances de você hoje não ter dado o mínimo valor para isso tudo. Mas milhões de outros indivíduos não tiveram o mesmo luxo. Você bebeu um copo d'água sem temer que isso a deixasse doente. Você foi à igreja sem medo de ser presa. No decorrer deste único dia, você vai respirar aproximadamente vinte e duas mil vezes sem pensar. E provavelmente como a maioria de nós, respirará ar puro. Quando essas provisões diárias são comuns, não apenas perdemos a capacidade de nos maravilharmos com elas, mas passamos a acreditar que temos direito a elas.

Em seu livro *The Rest of God* [O descanso de Deus], o autor Mark Buchanan diz desta forma:

> A gratidão é uma passagem secreta para uma sala que não conseguimos encontrar de nenhuma outra maneira. É o guarda-roupa para Nárnia. Ela nos permite descobrir o descanso de Deus – aquelas dimensões do mundo de Deus, a presença divina, o caráter de Deus que estão sempre escondidos de gente ingrata. A ingratidão é uma doença ocular tanto quanto uma doença cardíaca. Ela vê apenas as falhas, as cicatrizes e a escassez. Da mesma forma, o deus dos ingratos é cauteloso, mesquinho, rancoroso, atrapalhado, pedante. Mas ao darmos graças, para nos rendermos como as Escrituras exigem – em todas as circunstâncias, por todas as coisas, para a glória de Deus –, tal ação de graças se torna uma declaração da bondade soberana de Deus. Ainda mais, ela nos treina em uma consciência crescente dessa bondade soberana. Não podemos praticar a gratidão em uma escala bíblica sem que ela altere a maneira como você vê o mundo.[36]

A podridão da prerrogativa está estragando sua satisfação? Você caiu no mau hábito de fazer exigências e reclamações? Os hábitos podem ser quebrados e novos hábitos podem ser desenvolvidos. Determine mudar a maneira que você pensa e fala da sua prerrogativa em relação a gratidão. Isso não só deixará as pessoas ao seu redor mais felizes, como você vai se sentir mais em paz e satisfeita do que nunca.

Cinco minutos para desenvolver sua *fé*

Façam tudo sem murmurações nem discussões, para que se tornem irrepreensíveis e puros, filhos de Deus inculpáveis no meio de uma geração perversa e depravada, na qual vocês brilham como estrelas no mundo (Filipenses 2:14-15).

Recentemente, Doug Miller, um pastor do Colorado, fez uma pregação sobre a mania de reclamar. Ali, ele nos lembrou de dois fatos importantes sobre um espírito ingrato.

Primeiro, isso ofende a Deus. Desvaloriza tudo o que Deus já fez por nós. (Êxodo 14:11-12; 16:2-3; Números 11:1-3). E segundo, ela tem consequências. No caso dos israelitas, Deus se cansou das reclamações, e os murmuradores nunca entraram na Terra Prometida (Números 14:27-28, 30).

Miller então apresentou a solução para um coração arrogante e ingrato, como visto em 1Tessalonicenses 5:16-18: "Alegrem-se sempre. Orem constantemente. Deem graças em todas as circunstâncias, pois esta é a vontade de Deus para vocês em Jesus Cristo".

É um exercício de três passos:

1. Alegre-se sempre. Perceba quando não estiver alegre.
2. Ore constantemente.
3. Dê graças em todas as circunstâncias.

Passe cinco minutos considerando a generosidade extraordinária de Deus com você. Defina um cronômetro e liste as muitas maneiras pelas quais você sentiu sua generosidade hoje. Sim, só hoje. Quando o cronômetro disparar, revise sua lista. Então faça esta simples oração:

Tu tens me dado mais do que mereço,
Pai. Tu és bom, cheio de generosidade,
graça e amor. Eu recebo tudo com
gratidão e satisfação. Obrigada!

DIA 2

NÃO SE ESQUEÇA

Acho que nos deliciamos em elogiar o que apreciamos porque o elogio não apenas expressa, mas completa o prazer; é sua consumação designada. Não é por um elogio que os amantes continuam dizendo um ao outro o quão bonitos eles são; o deleite é incompleto até que seja expresso.

— C. S. Lewis, *Reflections on the Psalms*
[Reflexões sobre Salmos]

"Eu odeio esta família! Vocês nunca fazem nada por mim!"

Sua voz ricocheteou nas paredes da sala de estar, como uma labareda de fúria. Embora meu marido estivesse sentado a apenas alguns metros de distância, ela tinha direcionado suas palavras para mim. Meu coração. Essa doeu, se era essa sua intenção.

Aqueles de vocês que criaram adolescentes provavelmente já passaram por um momento semelhante (ou doze) em sua aventura parental. Na maioria das vezes, isso acontece logo após algum tipo de disciplina aplicada ou por uma injustiça que ela percebeu. Um *smartphone* confiscado, um convite para uma festa negado, um privilégio revogado. No calor da decepção e frustração, a pessoa mais fácil de acusar é aquela que causou a dor — neste caso, eu. Então ela sacou as armas e descarregou em mim.

"Tudo o que eu sempre quis foi uma mãe que me amasse! Mas você não consegue fazer isso, consegue?!"

E... aí está.

O golpe de misericórdia. O tiro final, e sua missão está completa.

Tudo em mim queria revidar com todas as evidências do contrário. Os incontáveis sacrifícios e lutas, os longos dias ingratos de amor e apoio, ensino e conforto. Ser mãe não era moleza, e ainda assim eu continuava aparecendo, perdoando, orando, pedindo perdão e tentando novamente. E ainda assim, em um momento de decepção, ela jogou anos de evidências de amor no lixo.

Eu queria revidar. Às vezes, eu revidei, Deus me perdoe. Mas dessa vez, respirei fundo e fiz uma única pergunta: "Você não se lembra de como você se arrastou para o meu colo e nos aconchegamos sob o cobertor hoje de manhã?".

Poucas horas antes, ela entrou na sala precisando de segurança. Coloquei meu livro de lado, puxei-a para mim e a segurei com um braço enquanto minha outra mão mexia em seu cabelo. Não falamos muito; não precisávamos. Ela precisava ser abraçada e amada. Eu fiz as duas coisas.

Com esse lembrete, sua raiva passou. Ela ainda não estava feliz, mas a lembrança foi o suficiente para ela reconsiderar sua perspectiva. As emoções, embora sejam válidas, nem sempre refletem a realidade.

Por mais que eu gostaria de colocar a culpa toda dessa situação nos hormônios adolescentes, que desempenharam um papel, sem dúvida, não tenho dedos das mãos e dos pés suficientes para todas as vezes que fiz o mesmo com Deus, e já passei da adolescência. Nada causa amnésia espiritual como o sofrimento. Quanto mais decepção sinto hoje, menos me lembro da libertação de Deus ontem.

É por isso que Deus lembrou os israelitas repetidamente para terem cuidado para não esquecer.

- "Apenas tenham cuidado! Tenham muito cuidado para que vocês nunca se esqueçam das coisas que os seus olhos viram; conservem-nas por toda a vida na memória" (Deuteronômio 4:9).
- "Tenham cuidado! Não se esqueçam do Senhor que os tirou do Egito, da terra da escravidão" (6:12).
- "Depois que tiverem comido até ficarem satisfeitos, louvem ao Senhor, o seu Deus, pela boa terra que deu a vocês. Tenham o

cuidado de não se esquecer do Senhor, o seu Deus, deixando de obedecer aos seus mandamentos, às suas ordenanças e aos seus estatutos que hoje ordeno a vocês" (8:10-11).

- "Lembrem-se de que vocês foram escravos no Egito e de que o Senhor, o seu Deus, os redimiu; por essa razão, ordeno que façam tudo isso" (24:18).

Por outro lado, os livros de Juízes e Salmos expõem vislumbres da fraca memória dos israelitas:

- "Logo depois que Gideão morreu, os israelitas voltaram a prostituir-se com os baalins, cultuando-os. Ergueram Baal-Berite como deus e não se lembraram do Senhor, o seu Deus, que os tinha livrado das mãos dos inimigos ao redor" (Juízes 8:33-34).
- "Quantas vezes mostraram-se rebeldes contra ele no deserto e o entristeceram na terra desolada! Repetidas vezes puseram Deus à prova; irritaram o Santo de Israel. Não se lembraram da sua mão poderosa, do dia em que os redimiu do opressor, do dia em que mostrou os seus prodígios no Egito, as suas maravilhas na região de Zoã" (Salmos 78:40-43).
- "Quando os nossos antepassados estavam no Egito, não deram atenção às tuas maravilhas; não se lembraram das muitas manifestações do teu amor leal e rebelaram-se junto ao mar, o mar Vermelho" (Salmos 106:7).

Esta é apenas uma amostra das Escrituras que fala da importância de nos lembrarmos. Diante da dor, somos propensos a esquecer. A fidelidade comprovada de Deus hoje desaparece na dúvida do amanhã. Meu livro *Relentless* [Implacável] tenta neutralizar essa tendência de esquecer, buscando e memorializando a fidelidade de Deus em pedras de altar, das evidências visíveis da presença implacável de Deus, não apenas para o desafio de hoje, mas para todos os desafios futuros.

Na parábola do semeador, Jesus fala sobre o perigo desse tipo de esquecimento. Um fazendeiro planta sementes na esperança de uma colheita. Mas apenas uma pequena porção da semente cria raízes e cresce. Observe o que Jesus diz que acontece com a semente que cai no solo rochoso ou entre os espinhos: "Quanto à semente que caiu em terreno pedregoso, este é o caso daquele que ouve a palavra e logo a recebe com alegria. Contudo, visto que não tem raiz em si mesmo, permanece pouco tempo. Quando surge alguma tribulação ou perseguição por causa da palavra, logo a abandona. Quanto à semente que caiu entre os espinhos, este é o que ouve a palavra, mas as preocupações desta vida e o engano das riquezas sufocam a palavra, e ela se torna infrutífera" (Mateus 13:20-22).

Lembrar da fidelidade de Deus é o solo rico de que sua fé precisa para prosperar quando seu mundo desmorona. Não significa que as circunstâncias de hoje serão fáceis ou sem dor. Mas o mesmo Deus bom que o libertou antes o libertará novamente. Seu histórico é sólido, seu caráter é verdadeiro. Lembre-se disso. E descanse.

Cinco minutos para desenvolver sua **fé**

> Retorne ao seu descanso, ó minha alma, porque o Senhor tem sido bom para você! (Salmos 116:7).

No Salmo 116:7-9, o salmista nos dá uma prática confiável para encontrar paz em circunstâncias difíceis: "Retorne ao seu descanso, ó minha alma, porque o Senhor tem sido bom para você! Pois tu me livraste da morte, livraste os meus olhos das lágrimas e os meus pés de tropeçar, para que eu pudesse andar diante do Senhor na terra dos viventes". O autor nos incumbe de lembrar a fidelidade de Deus em temporadas anteriores, para recordar as várias maneiras pelas quais Ele nos livrou do nosso sofrimento físico (tu me livraste da morte), do nosso sofrimento emocional (livraste os meus olhos das lágrimas) e do nosso sofrimento experiencial (os meus pés de tropeçar).

Para a prática dos cinco minutos para desenvolver sua fé de hoje, crie uma lista de três colunas usando essas três categorias. Então peça a Deus para lembrá-la das maneiras pelas quais Ele a livrou nos dias anteriores a este. Minha amiga, retorne ao seu descanso porque o Senhor tem sido bom para você!

DIA 3

UMA VIDA CHEIA DE GRATIDÃO

A fé é uma expressão do fato de que existimos para que o Deus infinito possa habitar em nós e trabalhar através de nós para o bem-estar de toda a criação. Se a fé nega alguma coisa, ela nega que somos pequenas partículas de matéria, obcecadas por si mesmas que estão alcançando as estrelas, mas permanecem irremediavelmente pregadas à terra presas em nossa própria autoabsorção. A fé é a primeira parte da ponte do egocentrismo para a generosidade.

— Miroslav Volf

Poucas coisas estragam o afundar-se em autopiedade como conhecer alguém que tem mais problemas do que você. Por exemplo, uma vez, passei um fim de semana com uma mulher com oito filhos. Sim, *oito*. E imediatamente todos os meus assuntos de conversa sobre ser mãe de seis filhos se tornaram irrelevantes, como reclamar de um corte no dedo para alguém que perdeu um braço. *O quê?! Só seis filhos?! Isso é moleza, irmã*. Digamos que, enquanto estávamos juntas, guardei minhas reclamações de exaustão e preços exorbitantes de supermercado para mim.

A gratidão é uma ferramenta poderosa para fazer as pazes com uma vida imperfeita. A dor nos torna cegas. Como antolhos em um cavalo, o sofrimento reduz o escopo da nossa visão, até que tudo o que podemos ver são as partes mais difíceis da nossa realidade. Deixamos de ver qualquer coisa boa em meio às coisas ruins. Isso não significa que não temos motivos para gritar ou fazer cara feia com o valor da conta do supermercado. Mas a gratidão funciona como um par de óculos. Ela traz de volta ao foco as possibilidades que a dor havia obscurecido. E isso nos dá nova força e esperança durante a luta.

Uma das poucas histórias que aparecem em todos os quatro relatos do evangelho – Mateus, Marcos, Lucas e João – é a história de Jesus alimentando os cinco mil. Marcos define o milagre desta forma: "Tomando os cinco pães e os dois peixes e, olhando para o céu, deu graças e partiu os pães" (Marcos 6:41).

Há pelo menos dois entendimentos importantes nesse versículo. Primeiro, Jesus olhou para o céu. A palavra grega aqui significa "olhar para cima, receber visão".[37] De certo modo, Jesus olhou para o céu para obter clareza. Ele precisava ver as coisas do ponto de vista de Deus. Então, com uma visão clara voltada para a direção certa, Ele deu graças. A palavra aqui é *eulogeo*, de *eu* (bom, bem) e *logos* (palavra). Juntas significam "abençoar, falar bem de, louvar, elogiar... consagrar com ações de graças". É a palavra da qual obtemos *eulogy*, um discurso ou texto que elogia muitíssimo alguém ou algo, normalmente alguém que acabou de falecer.[38]

Pensamos em elogios como algo reservado para velórios. Mas podemos elogiar alguém enquanto ele ainda está vivo, e isso pode ser ainda mais significativo. Anos atrás, participei de uma celebração da vida de alguém com uma doença terminal. Em vez de esperar por sua morte, celebramos sua vida enquanto ele ainda estava conosco. Continua sendo uma experiência impactante para mim.

Nesta história, Jesus louvou seu Pai antes de alimentar os cinco mil. Em suas mãos, Ele segurava cinco pequenos pães e dois pequenos peixes. Não era o suficiente para alimentar os doze discípulos, muito menos uma multidão de milhares. Mesmo assim, Jesus praticou a gratidão. Quando os riscos eram altos e a necessidade humana grande, Jesus escolheu agradecer enquanto todos ainda estavam com fome. Ele fez o louvor antes do milagre acontecer. Por quê? Porque a bondade do Pai não depende de dar a bênção.

Todas as noites, depois que termino de preparar o jantar e antes que nossos três filhos mais novos possam comer e saciar sua fome, nós damos as mãos ao da mesa, enquanto um de nós agradece. De certo modo, estamos ensinando nossos filhos a reconhecer diariamente a bondade de Deus, mesmo antes que nossos estômagos estejam cheios. É uma tentativa de ajudá-los a entender que a gratidão é menos uma resposta a uma bênção e mais uma maneira de abordar quem abençoa. É mais uma atitude do que uma ação.

Se você não sabe onde está na escala da gratidão, pense na última vez em que não conseguiu algo que queria. Um emprego, uma oportunidade, um presente, um cônjuge, um filho, um reconhecimento, uma vaga de estacionamento. Qual é sua reação típica a uma decepção? Isso pode ser um indicador claro de sua atitude de gratidão. A propósito, se você estiver sentindo seus dedos um pouco machucados, não tenha medo: os meus estão sangrando. Porque, se há uma coisa com a qual não lido bem, é a decepção.

Se sinto que ganhei ou que alguém me deve algo, transformei meu relacionamento com Deus em nada mais do que uma barganha. E, no entanto, Jesus está dando o exemplo aqui, enquanto olha para o céu e escolhe elogiar Deus enquanto agradece pela mini refeição: *Tudo isso é teu, Pai. Já é teu. Obrigado. Tu és um bom Pai.*

Com louvor em seus lábios, a comida foi multiplicada para alimentar milhares naquele dia, com cestas cheias de sobras.

A prerrogativa traz uma fome que não pode ser saciada.

A gratidão sacia a fome não apenas de quem serve a refeição, mas de todos que arrancam um pedaço de grama verde e compartilham da ceia.

"Todos comeram e ficaram satisfeitos" (Marcos 6:42).

Sim, isso mesmo. Além disso, doze cestas cheias de sobras.

Cinco minutos para desenvolver sua *fé*

> Lembrem-se: aquele que semeia com moderação também colherá moderadamente, e aquele que semeia com fartura também colherá fartamente. Cada um contribua conforme determinou no coração, não com pesar nem por obrigação, pois Deus ama a quem dá com alegria. Deus é poderoso para fazer que toda a graça seja acrescentada a vocês, para que em todas as coisas, em todo o tempo, tendo tudo o que é necessário, vocês transbordem em toda boa obra (2Coríntios 9:6-8).

Leia estas palavras novamente: "A dor nos torna míopes. Como antolhos em um cavalo, o sofrimento reduz o escopo da nossa visão até que tudo o que podemos ver são as partes mais difíceis da nossa realidade".

Como você viu essa verdade em suas lutas? Quando foi que um desafio causou um pouco de miopia, dificultando que você enxergasse além da sua dor? Ao refletir, tente manter-se num lugar de compaixão e não de julgamento. Então considere: Como a gratidão pode proporcionar uma visão mais clara e nova força? Essas são perguntas difíceis.

Não tenha medo de demorar nelas por alguns instantes, mesmo que ainda não tenha as respostas claras. Então faça esta oração:

> *Pai, tua bondade não depende de tu me*
> *dares a bênção que desejo. Eu ainda peço tua*
> *cura, tua libertação, tua resposta e provisão.*
> *Mas, independentemente do que tu faças*
> *ou não, eu escolho acreditar que tu és bom*
> *e que tu me amas.*

DIA **4**

O OUTRO LADO
DA GENEROSIDADE

*Assim como as palavras perdem seu poder quando
não nascem do silêncio, dizê-las perde seu significado
quando não há capacidade de ficarmos calados.*

— Henry J. M. Nouwen

Eu amo enviar mensagens pelo WhatsApp. Não espere que eu ligue. Prefiro arrancar as unhas dos pés. Mas eu envio mensagens melhor do que um adolescente. Mesmo assim, enviar mensagens pode ser um campo minado se houver expectativas envolvidas. É por isso que meu tipo favorito de mensagem é algo como: "Oi! Estava aqui pensando em você. Precisamos sair para tomarmos um café. Sem pressa, sei que você está ocupada. Só saiba que adoraria conversar se/quando você tiver um tempo livre. Amo você!".

Tenho algumas amigas que me enviam mensagens semelhantes e, sempre que elas enviam, algo se acalma no fundo da minha alma. Por quê? Porque são mensagens generosas, cheias de amor e sem um pingo de expectativas. E esse é o tipo mais bondoso de presente, porque é cheio de graça.

Quando se trata de generosidade, normalmente pensamos em dinheiro. Mas a generosidade é muito mais do que a questão financeira. Envolve não apenas o tangível, mas também o intangível, não apenas o que damos, mas também o que guardamos para nós mesmas.

Por exemplo, a generosidade inclui perdoar, ter paciência, compreensão, gentileza, encorajamento, tempo e habilidades; e parece não ter críticas, condenação, sarcasmo, julgamentos precipitados e desprezo, para citar alguns exemplos. Embora a generosidade financeira possa trazer alívio, há algo mais reconfortante do que receber perdão ou paciência quando você está completamente desesperada por isso?

O que descobri em meus cinquenta e poucos anos de vida e caridade é que minha capacidade de ser generosa com os outros – tanto de maneiras materiais quanto imateriais – está diretamente conectada ao meu senso interno de satisfação, não importa quais sejam minhas circunstâncias. Quando não estou satisfeita e estou me sentindo desesperada e ansiosa, tendo a sobrecarregar qualquer generosidade com a expectativa de uma reciprocidade. Sou como uma conta bancária vazia, procurando depósitos onde quer que eu possa encontrá-los. Mas quando escolho me ancorar no perdão e amor de Deus e me acomodo profundamente na satisfação de sua generosidade, dou em abundância do que já tenho sem expectativa de qualquer tipo de reciprocidade. Lá, as feridas que recebo nas mãos dos outros curam-se bem mais rápido. Sou capaz de reter julgamentos e críticas, e durmo mais profundamente à noite e sinto uma nova liberdade pela manhã. Quando permito que meus familiares, amigos, vizinhos, colegas de trabalho e até mesmo estranhos ao meu redor sejam verdadeiros comigo sem ressentimento ou rejeição, encontro também um pouco mais de aceitação de mim mesma.

Quando escolho ser generosa com o que dou, bem como com o que guardo para mim, um tipo diferente de calma se instala, independentemente da minha realidade. Como diz Provérbios 11:25: "O generoso prosperará; quem dá alívio aos outros também receberá".

Eu sei que não é fácil. Enquanto escrevo, sinto-me condenada por alguns rancores que tenho guardado. Esse outro lado da generosidade parece custar caro. Às vezes, é mais fácil fazer um PIX do que perdoar uma dívida emocional.

Mas Deus também entende isso. A generosidade de Deus conosco não vem de graça. Muitas vezes esquecemos desse detalhe, presumindo que a abundância do amor e do perdão de Deus significa que para Ele não custa nada dar. O Dr. Tony Evans disse desta forma: "Perdoar não é fingir que não aconteceu ou não doeu. Isso é mentira. O perdão é a decisão de abrir mão da dívida, independentemente de como você se sente". E é isso que Deus fez por nós.

- "Quando Jesus saiu do barco e viu uma grande multidão, teve compaixão deles, porque eram como ovelhas sem pastor. Então, começou a ensinar-lhes muitas coisas" (Marcos 6:34).
- "Mas nisto Deus demonstra o seu amor por nós: Cristo morreu em nosso lugar, apesar de sermos pecadores" (Romanos 5:8).
- "Ele nos salvou pelo lavar regenerador e renovador do Espírito Santo, que ele derramou sobre nós generosamente, por meio de Jesus Cristo, o nosso Salvador" (Tito 3:5-6).
- "Deixei você em Creta para que pudesse pôr em ordem o que ainda faltava e constituísse presbíteros em cada cidade, como eu o instruí" (Tito 1:5).

A generosidade de Deus conosco é incomparável, tanto no que Ele dá (compaixão, cura, tempo, perdão, o Espírito Santo, beleza, sabedoria) quanto no que Ele nega (rejeição, condenação, separação, isolamento). Que nós, tendo recebido mais do que poderíamos ter pedido ou imaginado, ofereçamos uma generosidade semelhante em troca.

Cinco minutos para desenvolver sua *fé*

Quem tem conhecimento é comedido no falar, e quem tem entendimento é de espírito sereno. Até o insensato passará por sábio se ficar calado; se fechar a boca, parecerá que tem discernimento (Provérbios 17:27-28)

Leia esta frase novamente: "A generosidade inclui dar perdão, ter paciência, compreensão, gentileza, encorajamento, tempo e habilidades.

E parece não ter críticas, condenação, sarcasmo, julgamentos precipitados e desprezo, para citar alguns exemplos".

Circule os atos de generosidade nesta lista que são mais significativos para você. O que mais você adicionaria à lista? Agora, considere sua própria generosidade. Quais atos são fáceis para você praticar e quais são mais difíceis? Pense em uma maneira de ser generosa com outro hoje. Passe alguns momentos confessando sua dificuldade com a generosidade e peça a Jesus para ajudá-la a pagar o preço para viver uma vida mais generosa.

DIA **5**

SUFICIENTE

Volte, então, um pouco, até as escolhidas misericórdias dos dias anteriores e, apesar de tudo estar escuro agora, acenda as luzes do passado, pois elas irão brilhar em meio à escuridão, e tu confiarás no Senhor até o dia raiar e as sombras voarem para longe.

— Charles Spurgeon, *Morning and Evening* [Manhã e noite]

Eu me apaixonei pelas montanhasaos quatorze anos de idade. Durante a maior parte da minha infância, vivi no centro de Illinois, cercada por campos de soja e milho. Minha única experiência de elevação espiritual acontecia aos domingos, quando o coral cantava uma harmonia a quatro vozes diretamente do hinário e uma soprano cantava a nota aguda final com entusiasmo.

Embora minha família tenha vivido na Califórnia e no Arizona durante meus primeiros sete anos, com sua própria versão de paisagens montanhosas, não compreendi a magnitude de uma cadeia de montanhas até fazermos uma viagem de carro em família quando eu tinha quatorze anos. Ao longo de duas semanas, visitamos as Montanhas Rochosas, Jackson Hole e Grand Tetons, Badlands, Monte Rushmore e Black Hills. Como filhos diferentes dos mesmos pais, cada parada veio com uma beleza semelhante e ainda assim totalmente única. Fiquei encantada.

Duas semanas depois, eu sabia que nossa viagem estava chegando ao fim quando quilômetros de campos de soja mais uma vez estavam ao alcance da minha visão. E embora fosse lindo à sua maneira (sim, às vezes sinto falta dessa vista), eu ansiava voltar para as montanhas e esperava que um dia, de alguma forma, eu encontrasse uma maneira de retornar. Às vezes, as respostas às nossas orações não são como esperamos.

Acabei me mudando para o Colorado em outra viagem de carro aos 26 anos de idade, enquanto meu filho de sete meses contava quatro dentes em sua cadeirinha de carro atrás de mim. Algumas semanas antes, meu então marido perdeu o emprego e aceitou um novo no estado das Montanhas Rochosas. Sem entrar em detalhes, foi uma mudança dolorosa, cheia de perdas enormes que estavam fora do meu controle. Embora meu carro estivesse indo em direção às montanhas, meu coração estava partido pelo que eu havia deixado para trás.

No meu primeiro ano no Colorado, lutei contra uma tristeza e depressão significativas, soterrada por muitas injustiças e sem saber como atravessá-las para uma nova vida. Embora as montanhas estivessem do lado de fora da minha janela, eu não conseguia vê-las por causa da névoa da minha dor. Então, pouco mais de um ano depois, o último prego da dor foi martelado no meu coração quando vi o carro do meu marido ir embora pela última vez. Eu tinha 27 anos e um filho de 22 meses, sozinha em uma cidade sem família e poucos amigos.

Quando penso naquela época, sinto saudades daquela jovem. Ela se sentia consumida por suas perdas, zangada e amargurada com a desigualdade da vida, ressentida com sua esperança inocente em finais felizes. Vejo sua decepção com as pessoas e sua desilusão com a fé. Ela tinha todos os motivos para se sentir daquele jeito.

Mas não é só isso que vejo. Também vejo provisão.

Em algum lugar no meio de toda aquela escuridão, a luz irrompeu. Ainda me lembro do dia. Apenas alguns meses tinham se passado desde que me tornei uma jovem mãe divorciada e solteira. Presa no ciclo interminável de trabalho em tempo integral e cuidados com uma criança de 2 anos de idade, eu tinha pouco tempo para fazer qualquer outra coisa. Mesmo assim, eu sabia o suficiente para sair e me exercitar constantemente. E neste dia em particular, eu prendi meu filho no nosso carrinho de corrida e saí para correr pelo bairro. Mais ou menos na metade do caminho, eu parei. Era um dia extraordinariamente lindo, o céu um azul vibrante do Colorado, a luz do sol atravessando as nuvens, as árvores com um verde exuberante. Olhei para o oeste e apreciei a vasta extensão das Montanhas Rochosas do Colorado. Foi nesse momento que me percebi: *de todos os lugares onde eu poderia viver quando meu mundo desmoronou, estou feliz que tenha sido aqui.*

Então fechei meus olhos e deixei o sol aquecer meu rosto. Pela primeira vez em muito tempo, senti a esperança florescer. *Que bom que tu me trouxeste aqui, Deus. Obrigada. Não sei por que tu permitiste toda essa dor e perda. Mas obrigada por me trazeres aqui enquanto eu caminho.*

Ao longo dos meses e anos anteriores, todos os meus sonhos de uma vida boa – casamento, família, ministério – foram destruídos. Não havia como salvar o que tinha sido. Eu só conseguia lamentar o que eu um dia tive esperanças e fazer as pazes com o que foi. Mesmo assim, Deus achou por bem me trazer para o Colorado antes que eu chegasse ao fundo do poço. Eu senti sua presença e ternura nas montanhas. E então, num ato de gentileza, Deus me trouxe para o único lugar onde eu ainda podia ter vislumbres dele mesmo quando tudo que era seguro e familiar tinha acabado.

A provisão divina em um lugar de dor extraordinária. Ele faz isso todas as vezes, se pararmos tempo suficiente para observar.

Agora moro no Colorado há mais de vinte e cinco anos. Nesse tempo, passei por uma série de desafios adicionais. Embora fossem dolorosos, cada vez que eu enfrentava outra montanha impossível, eu me pegava dando outra olhada nas que estavam do lado de fora da porta da frente da minha casa.

Que bom que tu me trouxeste aqui, Pai.

E seja caminhando por uma trilha solitária ou simplesmente apreciando a vista do meu jardim da frente, eu sei de onde vem minha ajuda: "Levanto os meus olhos para os montes e pergunto: 'De onde me vem o socorro?'. O meu socorro vem do Senhor, que fez os céus e a terra" (Salmos 121:1-2).

Provisão divina. Isso não basta?

Cinco minutos para desenvolver sua *fé*

Levanto os meus olhos para os montes e pergunto: "De onde me vem o socorro?". O meu socorro vem do Senhor, que fez os céus e a terra. Ele não permitirá que os seus pés tropecem; o seu protetor não cochilará. Certamente, o protetor de Israel não cochila nem dorme! O Senhor é o seu protetor; o Senhor é a sombra à sua direita. De dia o sol não o ferirá; nem a lua, de noite. O Senhor o protegerá de todo o mal, protegerá a sua vida. O Senhor protegerá a sua saída e a sua chegada, desde agora e para sempre (Salmos 121:1-2).

Se você tem dificuldades para ver a provisão de Deus em meio a sua dor, você não é a única. A dor — seja física, emocional ou espiritual — é corrosiva. Ela exige sua atenção, cegando você para os outros aspectos. Este é o seu corpo fazendo o que foi feito para fazer, e isso é bom. Mas permitir que a dor se torne seu único foco roubará de você a esperança do que é possível do outro lado.

Hoje, procure as evidências da provisão de Deus bem onde você está. Então leia o Salmo 121 em voz alta como uma oração. Peça a Ele que lhe mostre sua bondade agora mesmo. Escreva o que vier à mente e então agradeça. Você não precisa ficar feliz com seu coração partido, mas pode ser grata por Ele estar cuidando dele como só Ele pode cuidar.

PARTE 6

A PRÁTICA DO *SHALOM*

Pouco antes de ser preso e crucificado, Jesus contou aos discípulos (e a todos nós) sobre o presente que Ele ansiava em nos dar em nossa tristeza: "Eu disse isso para que em mim vocês tenham paz. Neste mundo, vocês terão aflições; contudo, tenham coragem! Eu venci o mundo" (João 16:33). Oh, como ansiamos pela paz! E Jesus diz que podemos tê-la, mas talvez não da maneira como imaginamos. Quando pensamos em paz, geralmente pensamos na ausência de lutas e conflitos, dores e perdas. Queremos que a vida seja leve, previsível e esperada do jeito que queremos. Mas a paz de Jesus – o *shalom* do céu – proporciona a calma em relacionamentos cheios de conflito, a serenidade em tempos de luta e sua presença na dor. Ele é o olho no meio do furacão. E quando nos escondemos nele, descobrimos uma paz, que é muito mais segura do que uma vida perfeita.

DIA **1**

SER COMPLETO

Assim como a criança pode chorar de dor mesmo estando nos braços da mãe, um cristão também pode conhecer o sofrimento mesmo estando consciente da presença de Deus. Em um mundo como o nosso, as lágrimas têm seus benefícios terapêuticos. O bálsamo curativo destilado das vestes da presença envolvente cura nossos males antes que estes se tornem fatais. Saber que jamais estamos sós acalma o turbulento mar da nossa vida e traz paz à nossa alma.

— A. W. Tozer, *O conhecimento do Santo*

"Você é famosa", disse minha filha enquanto eu preparava o jantar para a família. Revirei os olhos enquanto cortava algum legume, algo decididamente nada glamoroso.

"Estou longe de ser", zombei.

Ela continuou a expor sua opinião, meus outros filhos se juntaram a ela, falando sobre as pesquisas no Google e os seguidores da mídia social e todas as outras evidências de que os jovens de hoje igualam ao status de celebridade.

Eu apenas balancei a cabeça e continuei cortando, pensando um pouquinho mais do que antes. Embora eu tenha escrito alguns livros, sou tudo, menos famosa. Nunca vi meu rosto na capa de uma revista no supermercado, nunca estive no *Today Show*, nunca andei no tapete vermelho ou recebi um convite para visitar a Casa Branca. Mas para as crianças que cresceram sob a influência do YouTube e do TikTok, o status de celebridade é o objetivo máximo. E para elas, o fato de alguns vídeos meus aparecerem em uma pesquisa do Google significa que sou famosa, mesmo que os holofotes sejam a última coisa que eu queira. Pelos próximos minutos, fiz o meu melhor para moderar a percepção delas, para explicar o lado sombrio da cultura das celebridades, principalmente nas esferas de influência cristãs, a queda causada por tanta atenção e o perigo que é idolatrar qualquer pessoa ou coisa que não seja o próprio Deus. Mas, como tentar remar uma canoa rio acima com palitos de dente, consegui pouco para alterar as aspirações deles impulsionadas pela cultura. Afinal de contas, a sociedade promete apenas o que o coração humano anseia: importância.

Mas, como qualquer coisa falsificada, a atenção não pode dar importância, assim como o dinheiro do Banco Imobiliário não pode comprar um carro novo.

Não fomos feitos para ser famosos. Fomos feitos para ser completos.

Nossa busca por atenção é, basicamente, um desejo de validar nossa existência. Precisamos saber que temos importância, que há algo em nós que vale a pena. Queremos nos destacar, ser únicos e, então, saber sem nenhuma dúvida que fomos criados com um propósito e, assim, pertencemos a um lugar ou grupo.

A cultura das celebridades nos engana a pensar que esse tipo de valor pode ser encontrado em fotografias e seguidores, vídeos com mais visualizações e curtidas nas redes sociais. Mas nunca é o suficiente. A pessoa com cem seguidores sonha em ter mil, e a pessoa com dez mil visualizações de aspira ter dez milhões. Estamos tão famintos pela atenção que vem com os holofotes que postamos fotos comprometedoras, tópicos controversos e humor irreverente, esperando que os algoritmos entreguem o que desejamos.

Achamos que precisamos dos holofotes. Mas isso só nos deixa expostos.

O que realmente precisamos é do *shalom*. E isso pode ser encontrado somente à luz da presença de Deus.

No Antigo Testamento, *shalom* é uma palavra hebraica que é constantemente traduzida como "paz". Mas *shalom* é mais do que um estado temporário de paz. De acordo com Leslie Allen, professora sênior de Antigo Testamento no Seminário Teológico Fuller, *shalom* significa totalidade ou plenitude. "Um significado mais amplo e importante é 'paz', que também é o significado que as pessoas geralmente atribuem à palavra. Mas o adjetivo cognato, *shalem*, é usado para pedras inteiras, e não cortadas, usadas para construir um altar em Josué 8:31. Um coração *shalem* expressa uma atitude incompleta de sinceridade."[40] Precisamos de mais do que a paz temporária que sentimos depois de assistir a um filme satisfatório ou acordar de um cochilo revigorante. Precisamos de uma plenitude duradoura que nos enraíze exatamente onde estamos, quer estejamos sob os holofotes dos adoradores ou sentadas sozinhas no escuro sem uma única amiga.

Precisamos de mais do que uma emoção. Precisamos de um preencher.

Na tradição judaica, *shalom* é uma bênção frequentemente usada em saudações e despedidas. Ela deseja à outra pessoa a paz que vem da plenitude com Deus e com os outros. Embora a palavra *shalom* não apareça no Novo Testamento em grego, a palavra *eirene* (pronuncia-se eye-RAY-nay) é frequentemente considerada o equivalente no Novo Testamento. Igualmente traduzida como "paz", *eirene* significa "tranquilidade, repouso, calma; harmonia". *The Hebrew-Greek Key Word Study Bible* [A Bíblia de estudo de palavras-chave hebraico-grego] diz desta forma: "Tal estado de paz é o objeto da promessa divina e é dado pela misericórdia de Deus, concedendo libertação e liberdade de todas as angústias que são vivenciadas como resultado do pecado. Portanto, a mensagem da salvação é chamada de evangelho da paz (leia Atos 10:36 e Efésios 6:15), pois esta paz só pode ser o resultado da reconciliação com Deus".[41]

Shalom (ou *eirene*) é a completude que vem de uma consciência permanente de nossa justiça com Deus. Então, como um desdobramento do *shalom* individual, esforçamo-nos para viver o *shalom* com os outros. Jamie Arpin-Ricci, em seu livro *Vulnerable Faith* [Fé vulnerável] descreve desta forma: "*Shalom* é como o amor se parece na carne. A personificação do amor no contexto de uma criação corrompida, *shalom* é uma dica do que foi, do que deveria ser e do que será novamente um dia. Onde o pecado desintegra e isola, o *shalom* une e restaura. Onde o medo e a vergonha erguem muros e colocam máscaras, o *shalom* quebra as barreiras e nos liberta da pretensão de nossos falsos egos".[42]

Quando praticamos o *shalom*, paramos de ansiar por uma atenção fingida e, em vez disso, experimentamos a afeição infinita de Deus. Somente à luz de Deus somos totalmente vistas, totalmente conhecidas e totalmente amadas. Então, seguras em seu *shalom*, voltamo-nos e oferecemos o mesmo aos outros.

A fama não doa. A plenitude doa.

O tipo de plenitude que vem somente do *shalom* de Deus.

Cinco minutos para desenvolver sua *fé*

Quão amável é o lugar da tua habitação, Senhor dos Exércitos! A minha alma anela, e até desfalece, pelos átrios do Senhor; o meu coração e o meu corpo cantam de alegria ao Deus vivo. Até o pardal achou um lar, e a andorinha um ninho para si, para abrigar os seus filhotes; um lugar perto do teu altar, ó Senhor dos Exércitos, meu Rei e meu Deus. Bem-aventurados os que habitam na tua casa; louvam-te sem cessar! Melhor é um dia nos teus átrios do que mil em outro lugar (Salmos 84:1-4, 10).

A luz de Deus não poderia ser mais diferente do que os holofotes. Enquanto os holofotes da fama expõem você à inspeção, à crítica e à vergonha, a luz de Deus lhe leva para a intimidade, a cura e a segurança. A primeira luz deixa você vulnerável e vazia; a segunda luz a torna forte e plena. Melhor ainda, habitar na presença de Deus não requer um palco ou uma multidão. Não é um lugar para onde corremos ou uma sala especial na qual devemos estar. Você pode habitar na presença de Deus na sala de espera de um consultório médico tão facilmente quanto no coração de uma floresta densa. Hoje, passe cinco minutos sentada à luz da presença de Deus. Diga estas palavras em voz alta:

Pai, sou vista por ti. Estou segura. Sou amada.
Enche-me da tua luz. E faça com que meu
coração te deseje mais do que tudo. Amém.

DIA 2

O ALÍVIO DA SOLIDÃO

Na solidão, Deus começa a nos libertar da escravidão das expectativas humanas, pois ali sentimos Deus como nossa realidade suprema.

— Ruth Haley Barton

Em um fichário rosa-choque na minha Bíblia há uma única palavra de três letras maiúsculas: ORE.

Eu o uso como um marcador de página, marcando onde parei minha leitura diária enquanto analiso os livros do Novo Testamento. A cada dia, ele me indica onde preciso começar minha leitura. Mas também me lembra da disciplina espiritual que provavelmente negligencio.

Ficar sozinha para orar não é uma tarefa fácil para mim. Embora eu me fale constantemente com Deus e tente ouvir sua voz na correria do dia a dia, sou péssima em abrir espaço na minha agenda para fazer as orações ininterruptas e sem pressa. Todas as manhãs, quando me sento no que chamo de minha cadeira de oração, sou como uma criança de dois anos tentando ficar quieta na igreja. Eu me contorço, tentando lutar para colocar meus pensamentos em algum tipo de ordem madura. É mais ou menos assim: "Pai, obrigada por mais um lindo dia de vida. Eu te amo e sou muito grata por ti. Estou plenamente ciente de que não mereço nada das tuas mãos, e ainda assim tu me deste tudo e muito mais do que preciso".

Daí me lembro que preciso comprar leite quando for para a cidade hoje mais tarde. Oh! E ao banco. Preciso ir ao banco. Já paguei as taxas de excursão das crianças? Acho que era para hoje. Ugh, espero não ter esquecido. Deveria verificar meu e-mail. Ainda bem que meu smartphone está aqui.

Quinze minutos depois, após ser sugada pelo buraco negro que é meu celular: *onde eu estava? ORANDO. Eu estava orando.* "Deus, tu és bom. Santo, justo e ainda cheio de misericórdia."

Os livros da biblioteca na estante chamam minha atenção.

Esses livros venceram na semana passada. Provavelmente devo uma pequena fortuna em multas vencidas novamente. Por que não consigo me lembrar?! Pelo amor de Deus — Jesus, assuma o volante. Onde eu estava?

Você entendeu. Minhas tentativas de ficar a sós com Deus são fracas, na melhor das hipóteses. E ainda assim continuo voltando para tentar novamente por um motivo: sei que preciso orar. Sem essa âncora de solidão com Deus, eu afundo. "Tu és o meu refúgio e a minha fortaleza, o meu Deus, em quem confio" (Salmos 91:2). Fora desses momentos desgastantes de solidão com Deus, há uma série de pessoas e problemas que parecem nunca acabar. A vida real é complicada e caótica. Então, eu me retiro para um lugar tranquilo para orar. Para ouvir. Para apenas sentar e *estar* com Ele. E embora eu miseravelmente seja malsucedida nisso, continuarei praticando, porque na solidão com Ele eu encontro o *shalom*.

Quando Jesus enfrentou as horas finais antes de sua prisão, acusação e morte, Ele também sentiu a tensão de viver em um mundo decadente. Então, Ele se retirou para o jardim do Getsêmani, acompanhado por alguns dos mais próximos a Ele, para orar.

Então, lhes disse: "A minha alma está profundamente triste, em uma tristeza mortal. Fiquem aqui e vigiem comigo" (Mateus 26:38).

Deixando seus amigos para trás, Ele encontrou um lugar de solidão e derramou seu coração ao Pai, pedindo alívio e paz. Mais tarde, quando Jesus pegou seus amigos dormindo, Ele novamente os desafiou: "Vocês não puderam vigiar comigo nem por uma hora? — perguntou a Pedro. — Vigiem e orem para que não caiam em tentação" (v. 40-41). No momento da grande agonia de Jesus, Ele deu aos mais próximos a Ele três instruções: ficar. Vigiar. Orar.

A palavra grega para "vigiar" é uma palavra que é usada três vezes em Mateus 26, enfatizando sua importância. É a palavra *gregoreuo*, que significa "vigiar, abster-se de dormir... uma atenção plena aos perigos ameaçadores que, com seriedade consciente e uma mente alerta, mantém alguém longe de toda sonolência e todo enfraquecimento na energia da fé e conduta".[43] Em vista de sua prisão e morte iminentes, Jesus os exortou a permanecerem atentos ao que estava em jogo: a fé deles!

Jesus não estava pedindo algo deles que Ele mesmo não fazia. O escritor do evangelho Lucas diz que "Jesus, porém, retirava-se para lugares solitários e orava" (Lucas 5:16). Ele precisava de uma força que só poderia vir de um tempo a sós com Deus, do tipo que não seria abafada pelas conversas e caos que surgem quando estamos constantemente cercados por outras pessoas. A vida é um negócio sério, e a morte está mais perto do que pensamos. "O espírito está pronto, mas a carne é fraca."

Jesus os fez lembrar (Mateus 26:41). Isso é que eu chamo de pregação. Sinto essas palavras toda vez que prometo a mim mesma que nunca mais tomarei sorvete antes de dormir. Mil améns.

Fiquem, vigiem e orem, Jesus os incentivou. Naquela noite, Pedro não fez nada disso. Anos depois, porém, Pedro finalmente entendeu o aviso de Jesus naquela noite escura há tanto tempo, porque ele se virou e nos ofereceu um desafio semelhante: "Estejam alertas e vigiem. O Diabo, o adversário de vocês, ronda como um leão, rugindo e procurando a quem devorar. Resistam-lhe, permanecendo firmes na fé, sabendo que os irmãos que vocês têm em todo o mundo estão passando pelos mesmos sofrimentos" (1Pedro 5:8-9).

Assim como eu, Pedro precisava de solidão, aquele lugar onde finalmente vemos claramente a guerra que estamos travando e o Deus que tem as armas de que precisamos para combatê-la.

Temos boas intenções, mas pouca constância. O peso do mundo torna nossos olhos pesados, e é mais fácil cair no sono mesmo quando estamos acordados. Como resultado, nosso *shalom* às vezes é irregular.

Mas como o padre católico Henri Nouwen observou: "A oração não é uma repetição piedosa da vida, mas o sopro da existência humana".[44] Aquele no jardim ainda nos espera, pronto e disposto a soprar vida em nossos lugares de morte. Você se sentará com Ele, mesmo que sua solidão pareça a de uma criança inquieta? Ter um tempo sozinho com Ele é melhor do que tempo nenhum. E quanto mais vigiamos com Ele, mais aprendemos a orar como Ele, derramando nossos corações ao Pai, e estaremos prontas para perseverar quando a escuridão chegar.

Cinco minutos para desenvolver sua *fé*

Jesus, porém, retirava-se para lugares solitários e orava (Lucas 5:16).

Encontre um lugar tranquilo para ficar sozinha. Pode ser do lado de fora ou dentro, de manhã, à tarde ou à noite, em casa ou longe de casa. O tempo e o local não importam tanto quanto a disposição com que você ora. Por cinco minutos, sente-se sozinha, sem pausa ou interrupção. (Você pode precisar deixar os membros da família e colegas de quarto saberem o que você está fazendo para que eles não entrem em pânico e liguem para o 192.) Depois de se acomodar, respire lenta e profundamente algumas vezes, inspirando e expirando. Então, com os olhos fechados, imagine-se sentada com Jesus no jardim. Fique. Vigie. Ore.

DIA 3

FEITA PARA O DESCANSO SABÁTICO

A ideia raiz do Sabbath é simples como a chuva caindo, básica como a respiração. É que todas as coisas vivas – e muitas coisas não vivas também – prosperam apenas por uma ampla medida de quietude. Um pássaro voando, que nunca faz seu ninho, logo morrerá.

– Mark Buchanan, *The Rest of God* [O descanso de Deus]

Eu amo trabalhar, sempre amei. Aos onze anos, comecei a cuidar de crianças à noite, aos fins de semana e no verão. Quando completei dezesseis anos de idade, porém, eu queria um emprego que não envolvesse fraldas e birras. Acontece que crianças são difíceis de lidar. Então, candidatei-me a uma vaga numa pequena loja de presentes cristãos no shopping local, um lugar chamado (espere)... A Loja do Amor.

Sim, minha primeira experiência de emprego formal foi um espetáculo hilário. Acredite em mim quando digo que fui alvo de risadas e piadas das minhas colegas como consequência. Mesmo assim, foi um ótimo primeiro emprego. Na verdade, foi o melhor. De propriedade de uma adorável família cristã, eles me trataram como um membro da família e me deram mais responsabilidade do que eu merecia. Eles confiaram em mim e, assim, amadureci, desenvolvi habilidades de liderança latentes e descobri um profundo amor pelo trabalho.

Esse amor continuou até o final da adolescência e meus vinte anos, quando trabalhei nos departamentos pediátrico e médico-cirúrgico de dois hospitais, na American Heart Association, na América corporativa e, depois, investindo em meus vários negócios bem-sucedidos.

Em 2020, voltei mais uma vez ao emprego corporativo como executiva, bem quando uma pandemia global mudou a maneira como trabalhamos e nos relacionamos. Eu amava meu trabalho — o desafio, o crescimento, os relacionamentos, as novas habilidades.

Uma das lições mais valiosas que aprendi naquela temporada veio quando o autor John Eldredge falou a um grupo de nossos clientes empresariais sobre como viver de modo mais integral, mesmo com o mundo desabando. Embora meses tenham se passado desde aquele dia e eu tenha esquecido a maior parte do que John disse, ele fez uma declaração que não esquecerei. Escrevi em um *post-it* e coloquei no meu computador para ter certeza: "É aqui que trabalho, mas não é aqui que vivo".

John me lembrou que meu trabalho e minha carreira, por mais que eu goste deles, não são tudo na minha vida. Eles são apenas uma pequena parte. Assim como a obra da criação de Deus exigiu um descanso sabático, minha vida e meu trabalho exigem o mesmo.

Por meses depois de ouvir John dizer essas palavras, começava meu dia de trabalho com uma olhada naquele *post-it* amarelo. Embora muitas reuniões e responsabilidades infinitas enchessem meu calendário, comecei o dia com um lembrete de que minha vida não consiste em meu trabalho. Sim, trabalhar é importante. As contas precisam ser pagas, temos de comprar alimentos e sustentar a família. E não há problema em gostar do meu trabalho. Mas não posso amar o trabalho em detrimento do descanso. Essa é uma fórmula para uma morte rápida. A única maneira de continuar fazendo o que eu amava era amar o descanso — e o resto da minha vida — também.

Apesar de seu poder e riqueza, o rei Davi entendeu a tensão entre trabalho e descanso. Ele era bom em seu trabalho como rei; era um guerreiro poderoso, um líder forte, um visionário apaixonado. Ele foi feito para a realeza. E ainda assim ele entendeu que seu papel era apenas uma parte de sua vida. Ele precisava encontrar a fonte de sua força em outro lugar: "A minha alma descansa somente em Deus; dele vem a minha salvação. Somente Ele é a minha rocha e a minha salvação; Ele é a minha torre segura! Jamais serei abalado!" (Salmos 62:2-3).

É aqui que eu trabalho, mas não é aqui que eu vivo.

Séculos depois, Jesus disse algo semelhante: "Venham a mim todos os que estão cansados e sobrecarregados, e eu darei descanso a vocês. Tomem sobre vocês o meu jugo e aprendam de mim, porque sou manso e humilde de coração, e vocês encontrarão descanso para a alma. Pois o meu jugo é suave e o meu fardo é leve" (Mateus 11:28-30).

Um jugo é uma ferramenta de trabalho, e esta é uma metáfora de trabalho. Quando lemos esses versículos, é tentador pensar nessa coisa do cristianismo como apenas mais um lugar onde trabalhamos na obra. É por isso que muitos perdem o amor pela fé. É um trabalho que nos desgasta, um trabalho rigoroso que não temos competência para concluir.

Mas estamos pensando errado. Jesus está dizendo, em tantas palavras, que, sem dúvida, uniremo-nos a algo na esperança de que isso possa finalmente trazer paz e descanso. Família, carreira, estabilidade financeira, relacionamentos, ministério, status, habilidades e talentos. Parece não haver fim para os lugares onde tentamos nos encontrar. Até mesmo na religião.

Mas Jesus não está nos pedindo para nos unirmos a nenhuma dessas coisas.

Ele está nos pedindo – nos incitando – a nos unirmos a um relacionamento.

Com Ele mesmo.

Ele está nos pedindo para aprender com Ele, não apenas sobre Ele. Então, quer estejamos trabalhando, cozinhando, tirando férias, lutando, nos exercitando, brincando, sofrendo – seja lá o que estivermos fazendo em um momento específico – estamos unidos a Ele em tudo. E isso significa que, apesar da luta, podemos estar descansando.

Ele é nosso centro, nosso lugar de descanso. Não importa onde estejamos.

Cinco minutos para desenvolver sua *fé*

Em paz [shalom] me deito e logo adormeço, pois só tu, Senhor, me fazes viver em segurança (Salmos 4:8).

Watchman Nee, líder do movimento cristão para os indígenas em 1930 na China, disse: "O cristianismo inicia-se não com grandes feitos, mas com um grande 'está consumado.' Não há limites para a graça que Deus está disposto a nos conceder. Ele vai nos dar tudo, mas não seremos capazes de receber nada, a menos que descansemos nele". [45]

Para o exercício de hoje, afaste-se de todas as distrações (não toque no celular) e faça agora um mini dia sabático (isto é, de descanso), seja qual for o dia da semana. Então, assim que silenciar e aquietar sua mente e sua alma, leia o Salmo 23 devagar. Deixe que as palavras encontrem um bom solo em você. Você vive com o Pastor. Ele é o seu lar. Ouça as águas tranquilas, sinta o vigor da sua alma e descanse.

O Senhor é o meu pastor; de nada terei falta.

Ele me faz repousar em pastagens verdejantes e me conduz a águas tranquilas; restaura-me o vigor.

Guia-me pelas veredas da justiça por amor do seu nome.

Mesmo que eu ande por um vale de densas trevas, não temerei perigo algum, pois tu estás comigo; a tua vara e o teu cajado me confortam.

Preparas um banquete diante de mim na presença dos meus inimigos.

Unges a minha cabeça com óleo, e o meu cálice transborda.

Certamente a bondade e o amor leal me seguirão todos os dias da minha vida, e habitarei na casa do Senhor para sempre (Salmos 23).

DIA **4**

A PAZ EM MEIO AO MEDO

Era um daqueles momentos em que pensei que o Senhor havia me abandonado. Virei-me e disse: "Deus?", e imediatamente Ele falou comigo: "Minha filha, eu não disse que quando você passar pelas águas, eu estarei com você; quando passar pelos rios, eles não o encobrirão; quando passar pelo fogo, você não se queimará?". Respondi: "Sim, Senhor". Derramei muitas lágrimas noite adentro, mas o Senhor vinha até mim e me dizia palavras de paz ao meu coração, e aprendi pessoalmente o consolo que vem do Espírito Santo.

— Darlene Deibler Rose, *Evidence Not Seen*
[Evidência não vista]

Minha amiga Kathelen enviou-me hoje a foto de uma cobra. Bem de perto. E quando digo que foi uma foto bem de perto do bicho peçonhento, quero dizer pertíssimo, para conseguir ver o que ela estava comendo.

Olá, calafrio. Que bom que você está aí.

Um dos cães dela a encontrou no quintal, apenas a dez minutos de caminhada da minha casa.

Ela me perguntou pelo WhatsApp: "Será que é uma cobra-touro? Ou uma cascavel?". Respondi: "Qualquer uma, sei lá, credo!".

Viver na zona rural significa que temos que compartilhar o espaço com as criaturas. Ratos. Lagartos. Morcegos. Esquilos. E, sim, as cobras.

MULHERES INABALÁVEIS

Muitas cobras. Incluindo as cobras-touro e as cascavéis. A cascavel é territorial e venenosa. Letal. A cobra-touro pode picar, mas são inofensivas. Não damos a mínima para as cobras-touro (contanto que elas cuidem de suas vidas), pois elas mantêm os ratos e outros roedores sob controle. Melhor ainda, acontece que elas gostam de comer ovos no café da manhã – ovos de cascavel.

Mas a pegadinha é que as cobras-touro são quase idênticas às cascavéis. Pior ainda, as cobras-touro são *experts* em imitar as cascavéis para se protegerem. O que elas não têm de veneno, têm de sobra em camuflagem. Isso é impressionante, a menos que a cobra esteja a uma distância de 15 centímetros e você não consiga perceber a diferença.

O truque é dominar a capacidade de perceber a diferença à distância. Por exemplo, as cobras-touro são mais escuras e mais acastanhadas, e as cascavéis são mais amareladas, com uma linha em formato de losangos dorsolateral. A cascavel tem uma cabeça menor e triangular, enquanto a cobra-touro tem um pescoço mais grosso e uma cabeça achatada. E claro, a cascavel possui seu chocalho na ponta da cauda, ao passo que a outra não possui.

Veja bem de perto (mas não tão de perto) e você saberá quando deve sentir medo. A única alternativa é ter medo o tempo todo e evitar sair por medo de encontrar um bicho que pode matá-la. E quando se vive na zona rural, não tem como viver sem esse perigo.

Já lutei contra o medo em várias fases da minha vida. Quando eu era criança, eu tinha medo de dormir no escuro, de cair da bicicleta, de me meter em encrencas, de ser reprovada em uma prova, de não ter um namorado. Agora como adulta, meus medos mudaram, porém eles não são menos intimidadores. Eu tinha medo de não ser boa o suficiente, de cometer muitos erros como mãe, de ser rejeitada ou abandonada, de perder o emprego ou perder meus filhos. Tinha medo de não ter muito dinheiro, nem muita fé, nem tempo.

Sentir medo não é nada divertido. Sei bem, pois durante doze anos da minha vida eu vivi com câncer e com o fato de que ele poderia voltar. Às vezes, eu me via cronicamente na defensiva, aguardando o próximo ataque que envenenaria minha vida feliz. Mas o medo desgasta a alma, e me cansei de tudo isso.

De vez em quando temos bons motivos para termos medo. O cérebro humano está condicionado a nos alertar quando nos deparamos com o perigo, o que é bom, porque a vida humana está cheia deles.

Mas uma coisa é estar alerta ao perigo, e outra é estar hipervigilante a ele. Precisamos aprender a ouvir os alarmes, e assim dominar a capacidade de distinguir entre as coisas que têm o poder de destruir uma vida e aquelas que só têm o poder de incomodá-la.

Jesus disse: "Não tenham medo dos que matam o corpo, mas não podem matar a alma. Antes, tenham medo daquele que pode destruir tanto a alma como o corpo no inferno. Não se vendem dois pardais por um asse? Contudo, nenhum deles cai no chão sem o consentimento do Pai de vocês. Até os cabelos da cabeça de vocês estão todos contados. Portanto, não tenham medo; vocês valem mais do que muitos pardais!" (Mateus 10:28-31).

Praticar o *shalom* é viver imersa na verdade da graça e do amor de Deus, o único antídoto contra os ataques venenosos da vida. Embora não possamos compreender plenamente nosso sofrimento, não estamos sozinhas. E podemos confiar que nada do que vivenciemos será em vão quando permanecemos em suas poderosas mãos.

Nas palavras de Deus ao seu povo: "Embora os montes sejam sacudidos e as colinas sejam removidas, ainda assim a minha fidelidade para com você não será abalada, nem será removida a minha aliança de paz [*shalom*]', diz o Senhor, que tem compaixão de você" (Isaías 54:10).

Não tenha medo, minha amiga. O príncipe da paz chegou. E Ele vai ajudar você a passar por tudo.

Cinco minutos para desenvolver sua *fé*

Deixo com vocês a paz; a minha paz dou a vocês. Não a dou como o mundo a dá. Não se perturbe o coração de vocês nem tenham medo (João 14:27).

Do que você tem mais medo? De um relacionamento? De um emprego? De uma conta não paga ou de uma condição médica incurável? É difícil ser humano, e parece ficar cada vez mais difícil à medida que envelhecemos. Muita coisa pode dar errado. Faça uma pequena lista dos seus maiores medos ao lado da página ou em seu diário, e depois tire um momento para meditar em cada um deles. Como praticar o *shalom* pode conceder mais paz? Como o amor total de Deus e sua fidelidade imutável podem fazer você ser completa, mesmo quando boa parte da sua vida permanece sem solução? Depois, personalize os seguintes versículos do Salmo 46 em uma oração de uma forma para praticar hoje o *shalom*. Entre parênteses, incluí minha própria modificação para ajudar você a começar.

> Deus é o (meu) nosso refúgio e a (minha) nossa fortaleza; auxílio sempre presente nas adversidades (pelos meus desafios de saúde e de criar meus filhos).
>
> Por isso, (eu) não (temerei) temeremos, ainda que a terra trema e os montes afundem no coração dos mares; ainda que as águas rujam e se agitem e os montes sejam sacudidos pela sua fúria (ainda que muito saia do meu controle e eu não saiba como as coisas vão terminar).
>
> Há um rio cujas correntes alegram a cidade de Deus, o Lugar Santo onde habita o Altíssimo.
>
> Deus está no meio dela (comigo); ela não será abalada (eu não serei abalada). Deus vem em seu (meu) auxílio desde o romper da manhã (Salmos 46:1-5).

DIA **5**

VIVENDO O *SHALOM*

A verdadeira medida do nosso caráter é como tratamos o pobre, o marginalizado, o acusado, o preso e o condenado.

— Bryan Stevenson, *Just Mercy* [Compaixão]

Eu segurei o cartão de 7x12 centímetros na minha mão esquerda enquanto o barulho da máquina de radiação começava. Presa e deitada em cima de uma mesa e com uma máscara na cabeça, eu não podia me mexer. A circunstância claustrofóbica fez meu coração disparar e minha pele suar durante os longos minutos em que fiquei confinada. O que eu tinha a meu favor? O cartão de 7x12 centímetros na minha mão esquerda com um nome que havia escrito horas antes.

Por seis meses, cinco dias por semana, fui submetida à radioterapia externa na cabeça e no pescoço após meu terceiro diagnóstico de carcinoma de células escamosas da língua. A radiação nunca é uma experiência agradável, independentemente do tipo ou parte do corpo. Mas quando você começa a receber as sessões na cabeça, a precipitação é significativa. No final de seis semanas, eu tinha queimaduras extensas, do nariz até os ombros, por dentro e por fora. Minha garganta estava inchada, minhas cordas vocais queimadas, o risco de engasgar era constante. Foram necessárias várias tentativas para concluir minhas sessões finais devido à minha incapacidade de respirar e engolir enquanto estava reclinada.

Para cada uma dessas seis semanas, eu segurava um cartão na minha mão esquerda com um novo nome escrito nele a cada dia. Cada um representava alguém que sofreu. As fontes eram diferentes, suas histórias variavam. Mas durante seis semanas, a dor deles se tornou a minha. E enquanto os raios da radiação penetravam em meu corpo, eu orava pelo nome na minha mão esquerda até que o tratamento do dia terminasse.

Não consigo mais lembrar quando decidi fazer isso ou o ímpeto por detrás dessa atitude. Estou disposta a creditar à sabedoria de Deus, em vez da minha. Tudo o que sei é que, anos depois, acredito que é por isso que olho para trás, para aquelas semanas brutais, com mais paz do que com trauma. Enquanto intercedia pelos outros, descobri minha própria paz.

Parte do *shalom* individual está ligada ao *shalom* dos outros, tornando-o uma experiência comunitária, em quaisquer comunidades em que nos encontremos. Assim como a cruz reconciliou com Deus um mundo em conflito, quando continuamos a obra do *shalom* de Deus, é, por assim dizer, uma obra de reconciliação, mesmo que isso signifique tomar sua cruz.

Jer Swigart, um fundador de igrejas, professor e cofundador do Global Immersion Project [Projeto de Imersão Global] viu sua definição de paz e *shalom* radicalmente alterada quando seu mentor lhe disse para começar sua prática de *shalom* olhando para a cruz. "A paz, então, conforme definida pela cruz, é a restauração de todas as coisas. É a restauração holística de relacionamentos rompidos, a restauração das divisões que nos impedem de nos relacionarmos uns com os outros. De acordo com Colossenses 1, as implicações da cruz foram abrangentes e conclusivas: Deus havia pagado uma paz decisiva em Jesus, e funcionou. Isso significa que Deus é o grande pacificador e a restauração é a missão de Deus."[46]

Em sua carta aos Colossenses, Paulo também falou da cruz como a inspiração para vivermos o *shalom*: "Pois foi do agrado de Deus que nele habitasse toda a plenitude e por meio dele reconciliasse consigo todas as coisas, tanto as que estão na terra quanto as que estão nos céus, estabelecendo a paz por meio do seu sangue derramado na cruz" (Colossenses 1:19-20).

Jesus, a personificação da presença de Deus na humanidade, deixou o *shalom* do céu para adentrar no conflito da humanidade, negando seu próprio conforto para tornar possível que você e eu sejamos consoladas. Devido a Jesus ter encarnado o *shalom*, não podemos escapar do seu chamado para que façamos o mesmo. Não devemos nos esconder em nossos casulos cheios de paz, contentes por fugir, meditar e deixar que os problemas que assolam nossa nação e o mundo sejam prioridade dos outros. Somos reflexos da presença de Deus, embaixadores do evangelho das boas novas. Swigart continua: "Enquanto a paz de Deus foi decisivamente paga em Jesus, a paz de Deus se torna real no mundo quando aceitamos nossa vocação como pacificadores cotidianos. Nossa presença física e prática em sincronia com o Espírito Santo nos faz tornar a personificação contínua da missão restauradora de Deus – seu *shalom* – aqui e agora". [47]

Mas como incorporamos o *shalom* hoje para nós e para o nosso mundo? Acredito que tudo começa ao não permitir que nenhuma paz individual nos cegue para a falta de paz ao nosso redor. Devemos nos esforçar para ver e reconhecer o sofrimento e a injustiça. Fazer perguntas, ouvir, advogar. Seja a marginalização de indivíduos ou grupos, desigualdades sociais ou raciais, ou simplesmente os maus-tratos daqueles que são diferentes de nós, como portadoras do *shalom*, estamos na linha de frente, atendendo às necessidades e demonstrando o amor de Cristo.

Em seu livro *Just Mercy* [Compaixão], Bryan Stevenson coloca o dedo na minha ferida: "Somos todos culpados quando permitimos que outras pessoas sejam maltratadas. A ausência da compaixão pode corromper a decência de uma comunidade, um estado, uma nação. O medo e a raiva podem nos tornar vingativos, abusivos, injustos e desleais, até que todos soframos com a ausência da misericórdia e nos condenemos tanto quanto vitimizamos os outros". [48] Quando negligenciamos o *shalom* ao nosso redor, negligenciamos o *shalom* dentro de nós, em nosso detrimento.

Mas o oposto também é verdadeiro. Quando trabalhamos pelo *shalom* dos outros – em nossos lares, bairros, comunidades, nações, no mundo – unimo-nos com aquele de quem o profeta Isaías falou:

> O Espírito do Soberano Senhor está sobre mim, porque o Senhor me ungiu para levar boas-novas aos pobres. Ele me enviou para cuidar dos

que estão com o coração quebrantado, para proclamar liberdade aos cativos e libertação aos prisioneiros, para proclamar o ano do favor do Senhor e o dia da vingança do nosso Deus; para consolar todos os que andam tristes e dar a todos os que choram em Sião uma bela coroa em vez de cinzas, óleo de alegria em vez de pranto, manto de louvor em vez de espírito deprimido.

Eles serão chamados carvalhos de justiça, plantio do Senhor para revelar o seu esplendor (Isaías 61:1-3).

Cinco minutos para desenvolver sua *fé*

No entanto, a sabedoria que vem do alto é, antes de tudo, pura; depois, pacífica, amável, compreensiva, cheia de misericórdia e de bons frutos, imparcial e sincera. O fruto da justiça é semeado em paz pelos pacifica-dores (Tiago 3:17-18).

Avalie sua casa, vizinhança, igreja, escola, local de trabalho, cidade, esta-do, nação e o mundo, um de cada vez. Em uma escala de 1 a 10, como você avaliaria o *shalom* em cada item? Quais evidências apoiam sua classifica-ção? Considere as pessoas e os lugares que mais precisam de paz. Pense em algumas maneiras de ser um canal de *shalom* em seus círculos de influência esta semana. Em seguida, atribua a si mesma uma data limite para dar o primeiro passo para implementar essas ideias. Lembre-se, seu *shalom* – meu *shalom* – em parte está vinculado ao *shalom* dos outros.

PARTE 7

A PRÁTICA
DO PERDÃO

Existe algo mais caro do que o perdão? Quando somos decepcionadas ou negligenciadas, traídas ou rejeitadas em um relacionamento, perdoar o erro parece ser tão doloroso quanto a ferida em si; começar tudo do zero parece ser tão impossível quanto a cura. E ainda assim viver sem perdão é viver com o câncer destrutivo e mais letal, que corrói nossa paz e fé até que não sobre mais nada. O caminho para a fé em um Deus que corrige todos os erros e redime todos os arrependimentos é pavimentado com a obra infinita do perdão. Isso significa que se quisermos ter uma fé que não falhe, mesmo que nosso mundo e relacionamentos possam não ir ao encontro das nossas expectativas, devemos escolher o tipo de perdão que nos foi dado, todas as vezes, não importa o preço.

DIA 1

AS ACUSAÇÕES CONTRA DEUS

Nossa raiva não o surpreende ou perturba. Ele sabe tudo. Foi a ira de Deus que pregou o Filho na cruz. Ele fica irado. Ele escreveu um livro sobre esse assunto. E Ele convida as pessoas, pessoas como você e eu, para vir e expor suas queixas e reclamações a Ele. E a boa notícia é que você pode fazer isso sem enfraquecer sua fé. Você pode reclamar e extrair o melhor disso tudo.

— Joni Erickson Tada, *Foreword to Cry of the Soul*
[Prefácio de *Grito da alma*]

Às vezes fico brava com Deus.

Não apenas um pouco irritada, mas com o rosto vermelho de raiva.

Isso pode ser um choque para você, principalmente se você acredita há muito tempo que expor as emoções é pecado. Tudo bem. Eu também já acreditei nisso. E ainda assim aqui estamos. Podemos sentar-nos formalmente e adequadamente na igreja, com as mãos cruzadas e os sorrisos estampados em nossos rostos, mas, quer admitamos ou não, esses corpos humanos têm emoções e sentimentos. Às vezes, grandes emoções, e com razão. Cheguei a acreditar que Deus fica muito menos chocado com minhas emoções do que eu.

Então, sim, fico brava com Deus. Por exemplo, penso em dois amigos que há muito tempo queriam ter uma casa cheia de filhos. Eles têm uma grande família com bases sólidas, uma rede comunitária sólida, estabilidade financeira, uma casa bonita. Mas não importa quantas vezes eles tentem ter filhos, sejam biológicos ou por adoção, tudo termina em decepção. Então penso em outra família, acarretada de vícios, disfunções e abusos, e parece que eles não conseguem parar de ter filhos! Não entendo essa injustiça.

Deus, por que o Senhor não faz nada?

Penso em um dos líderes mais poderosos do mundo aterrorizando seus próprios cidadãos enquanto recruta os ricos para serem seus servos. Amortecido por seu ego e sem nenhuma consciência, ele espalha o terror em casa e no exterior, exigindo vingança de quem ele quer, quando ele quer. À medida que ele sobe no poder, aparentemente sem restrições, minha raiva também aumenta.

Deus, quando o Senhor acabará com o mal e defenderá os pobres?

Meus amigos negros compartilham relatos que eu pensava que aconteciam apenas nos livros de história. Eu estava errada. Então eu ouço os nomes que eles foram chamados na janela do *drive-thru* do *fast-food*, os apelidos gritados das janelas abertas do carro enquanto o filho negro deles brinca no parquinho, as medidas extras que eles devem tomar ao dar uma olhada em uma loja de departamentos ou dirigir em uma rodovia para evitar qualquer indício de suspeita. Isso me deixa com raiva, muito furiosa.

Deus, por que o Senhor tolera a injustiça?

E é claro, eu considero minha própria história. Durante a maior parte da minha infância, eu orei para ter uma família que amasse Jesus e o servisse em um ministério de tempo integral. Em vez disso, tenho uma família tipo quebra-cabeça mal encaixado, com crianças e adultos que estão se segurando por um fio e um corpo debilitado para completar. Eu continuo orando por alívio, e ainda assim meus problemas continuam se acumulando.

Deus, eu segui o Senhor a minha vida inteira. Por que o Senhor não faz alguma coisa? Será que já não aguentei demais?

Às vezes é mais fácil esconder-se na raiva do que expor minhas queixas a Deus. A raiva funciona como um escudo, uma emoção mais segura do que a tristeza ou a confusão. Então, nos escondemos atrás de nossa raiva, abrigadas com segurança em nossa raiva e nos recusando a encarar uma dura realidade: Ele é Deus; nós não somos Deus!

Foi isso que Jó experimentou quando deu voz a seu luto e fez sua reclamação a Deus. Deus respondeu, e sua resposta não foi fácil de ouvir. (Se você tiver estômago para ler, leia Jó 38-41.) Depois de um período de sofrimento inexplicável e implacável, Jó expressa sua reclamação. E nesses capítulos finais de Jó, Deus responde. Você não vai encontrar ali banalidades, clichês ou garantias. Deus não diz nada sobre o sofrimento de Jó nem a razão de sua dor.

Pelo contrário, por meio de quatro capítulos de fatos pontuais e perguntas retóricas, Deus lembra a Jó quem Ele é. Embora Jó nunca tenha abandonado sua fé, sua perspectiva ficou obscurecida pelo sofrimento. Tudo o que ele conseguia ver era o que perdera. E ele havia perdido muito.

Mas Deus sabia que Jó precisava mais do que clichês. Ele precisava de um Deus poderoso. Ele precisava de um Deus de autoridade e supremacia absolutas. Ele precisava saber, de forma bem clara, que embora parecesse que a vida estava saindo dos trilhos, o Deus que ele havia amado e confiado durante toda sua vida era muito mais estarrecedor do que ele podia imaginar e Ele ainda estava no controle absoluto de tudo. Sua presença é permanente. Seu poder é incontestável. Sua sabedoria é incomparável. Sua autoridade é imutável.

Então, Deus fez Jó se lembrar de tudo isso. Em um discurso que fará seu rosto corar de vergonha. E embora as perdas de Jó ainda permanecessem, ele finalmente teve seu consolo. Não através da solução de suas circunstâncias, mas por um lembrete de seu lugar e posição. Você não acredita em mim? Leia estas palavras e ouça as dicas de conforto com sua própria voz: "'Então, Jó respondeu ao Senhor': "Sei que podes fazer todas as coisas; nenhum dos teus planos pode ser frustrado. Tu perguntaste: 'Quem é este que obscurece o meu conselho sem conhecimento?'. Certo é que falei de coisas que eu não entendia, coisas maravilhosas demais que eu desconhecia. "Tu disseste: 'Agora escute, e eu falarei; eu farei perguntas, e você me responderá'. Eu te conhecia de ouvir falar, mas agora os meus olhos te veem. Por isso, menosprezo a mim mesmo e me arrependo no pó e na cinza".

Embora eu ainda não tenha recebido as respostas satisfatórias para as minhas perguntas mais complicadas, agora posso dizer como Jó: "Eu te conhecia de ouvir falar, mas agora os meus olhos te veem". Eu tenho visto Deus. E embora eu ainda sinta raiva, também encontro um novo conforto toda vez que vejo Deus em seu trono, independentemente do que Ele tenha ou não feito. Eu o vejo, em sua glória, majestade, autoridade e santidade, e assim eu posso reagir um pouco melhor do que prostrar meu rosto no chão. Eu ainda clamo a Ele.

Mas também o adoro.

"Quem, então, será capaz de resistir a mim? Quem primeiro me deu alguma coisa a quem eu deva pagar? Tudo o que há debaixo dos céus me pertence" (Jó 41:10-11).

Com certeza.

Cinco minutos para desenvolver sua *fé*

> Senhor, por que estás tão longe? Por que te escondes em tempos de angústia? (Salmos 10:1).

Você já sentiu raiva de Deus? E está com raiva dele neste exato momento? Leve sua reclamação diretamente a Ele. Não se permita esconder atrás da sua raiva, mas lhe conte a verdade sobre essa emoção. Confie em mim, Ele já sabe. E então permita que Ele reoriente um pouquinho sua perspectiva. Pois é, Ele sofre com você e lamenta com você. Mas Ele não abdicou de seu trono. Ele ainda está totalmente no controle, e Ele quer que você o veja sentado exatamente ali. Não porque Ele esteja em uma obsessão de poder, mas porque Ele sabe que um vislumbre de sua autoridade finalmente trará segurança. Se, e quando, você estiver pronta, faça a oração de Jó, em Jó 42:1-6, do seu jeito. Que seus ouvidos ouçam e seus olhos vejam o Deus que ama e está com você.

DIA **2**

AS ACUSAÇÕES CONTRA MIM

Todos nós somos pobres e orgulhosos. Se pudermos evitar, não iremos tomar nosso assento na última fileira, embora seja nosso lugar apropriado. Somente a graça pode fazer nós nos vermos no espelho da verdade. É natural para nós não termos nada, mas confessar que não temos nada é mais o mais próximo do que chegaremos até que o Espírito Santo tenha forjado a auto-humilhação em nós.

— Charles Spurgeon, *The Happy Beggar* [O mendigo feliz]

Ontem foi noticiado em vários meios de comunicação: Outro pastor de uma megaigreja foi acusado de ter um comportamento inapropriado com um de seus membros. Mensagens de texto sedutoras, noites inteiras de embriaguez em um quarto de hotel, confirmadas por investigação e evidências. Eles dizem que tudo isso é só o começo da história. O que ainda se esconde na história de seu ministério de quarenta anos?

Nos últimos anos, tenho me decepcionado constantemente com muitos líderes cristãos. Embora ainda existam alguns poucos honrados e fiéis, a lista de líderes e pastores que eu admirava há muito tempo está diminuindo rapidamente. Esses são os homens e mulheres que ouvi e com quem aprendi. Eles foram meus conselheiros e professores na era da Internet, permitindo-me acesso às novas vozes fora do meu alcance geográfico. Mesmo virtualmente o aconselhamento deles impactou a trajetória da minha fé.

Em alguns casos, minha confiança foi mal colocada.

Claro, a queda do pedestal também ocorreu em lugares menos públicos, a apenas alguns quilômetros da porta da minha casa. Casos extraconjugais, abusos sexuais, escândalos financeiros, acobertamentos e conflitos que induzem à divisão. Quando penso nas muitas igrejas às quais estive ligada em meus cinquenta anos de vida, eu poderia preencher muitas páginas com os detalhes sórdidos e a desilusão para minha profunda tristeza. Por que essas coisas continuam acontecendo? Por que aqueles que afirmam amar mais a Jesus parecem segui-lo menos a cada dia? Os líderes religiosos não deveriam ser responsabilizados por um padrão mais elevado? Eles não deveriam saber mais?

Sim. As igrejas e os ministérios devem aprender com nossos erros e estabelecer uma responsabilidade rigorosa, um compromisso com a integridade e suas consequências quando for necessário. Não podemos permitir que o mal seja feito em nome do ministério ou nos convencer de que encobrir os erros preserva o evangelho. Que vergonha.

Por mais que eu esteja irritada com os abusos confirmados dos líderes cristãos, estou aliviada por minhas culpas não serem públicas. Estou confiante de que se uma equipe de investigadores dissecasse cada palavra, ação e pensamento meus, eles descobririam bastante sujeira para preencher vários volumes. Críticas, julgamentos e fofocas. Palavras duras e retaliações.

Meu caráter, apesar das minhas boas intenções, não sobreviveria a uma investigação. As evidências se acumulariam, tornando-se uma montanha de acusações que eu não teria a capacidade de refutar. Não demoraria muito para um júri concluir que meu caráter nem sempre corresponde às minhas alegações.

Quando me coloco sob a luz ofuscante da justiça divina e me submeto ao escrutínio daquele a quem sou responsável, o pecado que vejo me envergonha. Eu sou egoísta, rancorosa, intolerante, ingrata, rebelde, má. Como Paulo escreveu em Romanos 7:15: "Não entendo o que faço, pois não faço o que desejo, mas o que odeio".

O fato de eu ainda não ter cometido os erros que o mundo considera mais graves não é resultado de eu ser melhor ou justa. Muito pelo contrário. Sou igualmente capaz de cometer delitos, dadas as circunstâncias. "Então, encontro uma lei contra o meu desejo de fazer o bem: o mal está presente em mim. No íntimo do meu ser, tenho prazer na lei de Deus, mas vejo outra lei atuando nos membros do meu corpo, guerreando contra o íntimo do meu ser, tornando-me prisioneiro da lei do pecado que está em mim. Miserável homem que sou! Quem me libertará deste corpo sujeito à morte?" (v. 21-24).

Essa é a pergunta que todos devemos fazer. Quem me salvará? Quem me salvará de mim mesmo? Quem analisará o relatório investigativo e determinará que, apesar das evidências esmagadoras, eu mereço ser salva? "Graças a Deus por Jesus Cristo, o nosso Senhor!" (v. 25).

Líderes — cristãos e não cristãos — serão exaltados e humilhados enquanto os seres humanos viverem na terra. Eles não podem escapar de sua humanidade miserável mais do que você e eu. Sim, alguns precisam sofrer as consequências legais de suas escolhas. Isso também faz parte. Mas você e eu não devemos esquecer que as evidências contra nós são igualmente condenatórias. Não merecemos a misericórdia de Deus mais do que aqueles que caem mais longe de seus pedestais.

Mas graças a Deus! Quando confessamos o pecado à luz da verdade e aceitamos as acusações contra nós, Jesus oferece a graça e o perdão. Indevido, imerecido.

Essa é o único palco forte o suficiente para permanecer, não importa quem suba ou caia dele.

Cinco minutos para desenvolver sua fé

Se tu, Senhor, registrasses os pecados, quem, Senhor, se manteria de pé? Mas contigo está o perdão para que sejas temido (Salmos 130:3-4).

Reserve um momento para avaliar seu desempenho espiritual. Considere as palavras que disse, os pensamentos em que esteve imergida, as atitudes que você tomou. Considere as críticas e a falta de perdão que você nutriu como um jardim cheio de ervas daninhas que é cuidado, em detrimento das gramas e flores que você poderia ter cultivado. Então leia o Salmo 130 em voz alta como uma oração pessoal, usando seu nome no lugar de "Israel". Permaneça na luz da sua justiça, reconhecendo as acusações contra você. O preço foi pago. Você está redimida.

> Das profundezas clamo a ti, Senhor. Ouve, Senhor, a minha voz!
>
> Estejam atentos os teus ouvidos à voz da minha súplica!
>
> Se tu, Senhor, registrasses os pecados, quem, Senhor, se manteria de pé? Mas contigo está o perdão para que sejas temido.
>
> Espero pelo Senhor com todo o meu ser e na sua palavra ponho a minha esperança.
>
> O meu ser anseia pelo Senhor, mais do que as sentinelas pela manhã; sim, mais do que as sentinelas pela manhã!
>
> Ponha a sua esperança no Senhor, ó Israel, pois com o Senhor há amor leal e plena redenção.
>
> Ele próprio redimirá Israel de todos os seus pecados (Salmos 130).

DIA **3**

O PREÇO DO PERDÃO

O maior ato humano é o perdão.

— Henri Nouwen, *You Are the Beloved* [Você é o amado]

Acordei cedo nesta manhã ruminando uma ferida antiga de novo.

Era uma hora da manhã e aquele pensamento já estava girando várias vezes na minha mente, assim como a gente gira um diamante de dois quilates. Só que não era nem de longe tão lindo quanto uma joia.

Continuei reproduzindo os eventos antes, durante e depois, dissecando cada palavra e nuance, cada inflexão e negligência, tentando desvendar a questão até que eu pudesse entendê-la ou de alguma forma voltar lá atrás e mudá-la. Como se fazer o que eu já tinha feito dezenas de vezes antes pudesse de alguma forma produzir um resultado diferente.

Em vez disso, senti-me magoada novamente, como se o evento tivesse acontecido momentos antes e não meses ou anos antes. Por que eu continuei cutucando a ferida, deixando-a dolorida mais uma vez? Por que deixei que isso roubasse meu sono?

Tenho certeza de que não sou a única que joga esse jogo no meio da noite. É um jogo de probabilidades horríveis, prometendo zero vencedores e infinitos perdedores. E ainda assim jogamos compulsivamente custando nossa paz. Não importa o quanto eu tente, não consigo deixar isso para lá. Afinal de contas, sou só um ser humano.

E é esse o x da questão, não é mesmo? Eu sou humana, assim como as pessoas com quem convivo, incluindo meu marido exausto e meus filhos adolescentes rabugentos. Assim como a mulher que quase me atropelou com seu carrinho de compras e o motorista que passou por mim com o som alto de sua buzina. E sim, assim como aquele que me fez perder o sono ontem à noite.

Humanos, todos eles. Propensos a serem insolentes e rosnar, latir e morder.

Assim como eu, eles ficam cansados e desgastados. Eles se sentem sobrecarregados pelo trabalho árduo constante de uma vida difícil. Eles carregam traumas e vivenciam inconveniências todos os dias, muitos dos quais eu posso me identificar, mas não sei nada a respeito. Eles também não têm direito ao perdão?

Acontece que eu quero saciar minha sede com a graça de Deus, mas não quero compartilhá-la com ninguém. Eu quero uma taça cheia das misericórdias de Deus, pronta para saciar minha sede de afeição, mesmo quando sou uma pessoa difícil de amar. E ainda assim, às vezes, continuo relutante em oferecer a menor gota de misericórdia para aqueles que também têm sede dessa mesma água.

Em seu livro *You Are the Beloved* [Você é amado], Henri Nouwen afirma: "O maior ato humano é o perdão: 'Perdoa as nossas ofensas, como também temos perdoado aqueles que nos ofendem.' O perdão está no cerne do amor de Deus por nós e no cerne do nosso amor uns pelos outros. Amar uns aos outros significa perdoar uns aos outros inúmeras vezes".[49] Nós compramos flores e presentes, pagamos por jantares e viagens, tudo em um esforço para sustentar nossos relacionamentos com demonstrações do nosso amor. Mas o perdão? Muitas vezes nos recusamos a pagar o preço, mesmo quando é o que nossos relacionamentos mais precisam. E quando aqueles que amamos nos ferem constantemente, o preço do perdão sobe a cada infração, exigindo um valor que eles nunca serão capazes de pagar.

Lutando com os parâmetros do perdão, Pedro fez uma pergunta direta a Jesus: "Senhor, quantas vezes deverei perdoar o meu irmão quando ele pecar contra mim? Até sete vezes?" (Mateus 18:21). O perdão tem um limite de preço, certo? Certamente Deus não espera que perdoemos todas as vezes. Isso seria ingenuidade e tolice. O perdão deve ter limites. Pedro pensou que sete vezes era bem generoso.

Em vez de responder à pergunta de Pedro diretamente, Jesus conta uma história sobre um servo com dívidas significativas. O servo estava atolado em contas que não conseguia pagar – uma quantia que Mateus descreve como dez mil sacos de ouro – e o mestre planejou jogar o servo na prisão até que ele pudesse pagar a dívida toda, uma quantia que ele não conseguiria pagar em várias vidas. Ninguém acumula tanta dívida sem um longo histórico de decisões horríveis. Já chega.

Desesperado por misericórdia, o servo implorou por outra chance e prometeu pagar cada centavo que devia, ou seja, mais uma promessa que não cumpriria. O mestre, movido por seu apelo, fez ainda mais do que o servo pediu, mais do que ele merecia. Ele libertou o homem e pagou sua dívida às suas próprias custas. O servo saiu como um homem livre.

Mas a liberdade do servo só ia até o bolso. Ao sair, ele se deparou com um homem que lhe devia cem moedas de prata, uns trocados, se comparado à sua própria dívida. Em vez de oferecer misericórdia, ele estrangulou o homem e o jogou na prisão, indiferente aos seus clamores. A misericórdia recebida não se tornou misericórdia dada. Quando o mestre descobriu, ele mandou jogar o servo de volta na prisão. Como resultado, o servo acabou ficando ainda mais endividado do que antes (Mateus 18:21-35).

Antes de ouvir essa história, Pedro perguntou sobre os limites do perdão. Ele queria tudo preto no branco, uma maneira de garantir que o custo não saísse do controle.

Jesus não aceitou a exigência dele.

"Assim também fará o meu Pai celestial a vocês se cada um não perdoar de coração o seu irmão" (v. 35).

A falta de perdão é cara apenas para quem a nutre. E é um custo que vem com juros compostos. A falta de perdão de ontem transforma-se na amargura de amanhã, e a distância de ontem transforma-se na solidão de amanhã. Quanto mais você e eu recusarmos perdoar, maior será a dívida que carregaremos, até que estejamos sozinhos e não consigamos carregá-la de jeito nenhum.

Além disso, o perdão não é sobre quanto a outra pessoa deve.

É sobre o quanto da sua dívida já foi paga.

Quanto perdão você quer receber do seu Pai? Uma misericórdia que se esgota? Ou uma misericórdia ilimitada? Se você e eu queremos viver livres das dívidas que continuam se acumulando contra nós, a única solução é oferecer a mesma misericórdia em troca.

O perdão é caro, sem sombra de dúvida. Mas é a única maneira de viver sem a dívida.

Cinco minutos para desenvolver sua *fé*

Bem-aventurados os misericordiosos, pois obterão misericórdia (Mateus 5:7).

O perdão sempre tem um preço. Podemos exigir que a pessoa que nos magoou pague a dívida, ou podemos pagar a dívida perdoando. De qualquer forma, existe um preço. A falta de perdão aprisiona-nos emocionalmente à medida que alimentamos a mágoa. Perdoar alguém que nos feriu também gera dor. Eu sinto a ferida, mas escolho suportá-la e assim ficar livre. Quando Jesus pediu para perdoarmos, Ele estava totalmente ciente do preço. O perdão custou-lhe fisicamente, mentalmente, emocionalmente e espiritualmente. A ferida foi bem funda, até a morte. Mesmo assim, Ele escolheu suportá-la.

Para o seu exercício de desenvolver a fé em cinco minutos de hoje, tire tempo para dar o perdão àqueles que a magoaram. Posteriormente, talvez tenha de ir falar diretamente com o indivíduo. Por enquanto, passe tempo na presença de Jesus ao perdoar quem decepcionou você. Com a mesma motivação do Pai-nosso, ore: "Perdoa as nossas ofensas, como também temos perdoado aqueles que nos ofendem" (Mateus 6:12).

DIA **4**

A PAZ DO PERDÃO

O poder da misericórdia é que ela está a favor de quem não a merece. Quando menos se espera receber misericórdia, mais poder ela tem – o suficiente para quebrar o ciclo de vitimização e vitimismo, retribuição e sofrimento.

— Bryan Stevenson, *Just Mercy* [Compaixão]

Há alguns dias, encontrei uma foto antiga enquanto eu organizava um monte de arquivos abandonados. É uma foto de uma menininha de três anos, comemorando a Páscoa. Minha mãe está ajoelhada ao meu lado com seus cabelos cacheados. Minha cesta de Páscoa está perto, e estou segurando um cata-vento colorido, com minhas bochechas infladas enquanto sopro e o faço girar. É uma foto que transmite pureza, uma inocência infantil cheia de possibilidades e promessas.

Enquanto eu olhava para a foto depois de muitos anos, vi aquela menininha com meu coração cheio de compaixão. Isso é uma prática nova para mim. Geralmente meu hábito tem sido marcado por vergonha, enquanto tento me intimidar com os anos de outrora que poderiam, deveriam e teriam sido diferentes. Mas nesse dia em específico, com a foto em mãos, eu sinto compaixão, uma onda de uma bondade maternal pela menininha que um dia enfrentaria tantas perdas.

Que gracinha! Ela era tão pequena e inocente. Ela ainda acreditava que os sonhos podiam se tornar realidade e ainda não entendia que a vida pode ser muito difícil.

Talvez seja o resultado da minha idade e da consciência de que já vivi metade da minha vida, mas me sinto um pouquinho melancólica enquanto reflito sobre esta única vida que vivi. Se eu pudesse voltar no tempo, faria muitas coisas de maneira diferente. Vejo tantos erros e equívocos, e o arrependimento pesa em mim.

Mas também vejo os erros cometidos por gente em quem confiei e que destruiu a inocência daquela menininha. Devido às suas próprias feridas, eles também me feriram demais. Quando olho para a menininha segurando o cata-vento, vejo uma história distorcida e complexa que é impossível de ser totalmente resolvida e compreendida. Quem é o responsável? Onde foi que tudo deu errado e como seu coração acabou tão bagunçado?

Em uma noite de insônia muitos anos atrás, Jesus orou no jardim do Getsêmani na noite antes de sua crucificação e morte. Diferente do meu eu de três aninhos de idade, Ele sabia o que estava por vir, as traições e negações e abandono por todos que minutos antes, naquele mesmo dia, afirmaram amá-lo. Ele sabia que, antes daquela noite terminar, Ele estaria sozinho. É claro, Ele não queria tudo aquilo. Ele clamou para Pedro, Tiago e João ajudá-lo: "Então, lhes disse: A minha alma está profundamente triste, em uma tristeza mortal. Fiquem aqui e vigiem comigo" (Mateus 26:38). Mas Pedro e os outros não tinham o mesmo problema de insônia que Jesus teve. Jesus os pegou três vezes cochilando.

Então, pouco tempo depois, Jesus estava preso, e "todos os discípulos o abandonaram e fugiram" (v. 56).

Estive pensando muito nessa noite sombria. Estive pensando na insônia de Jesus e sua solidão, a agonia e a necessidade do seu sofrimento. Existe uma ferida maior do que ser traída por alguém que você ama, principalmente quando você mais precisa dessa pessoa? Mas também estive pensando no que aconteceu dias depois, após a crucificação e ressurreição, quando Jesus apareceu novamente para Pedro, Tiago e João: "Ao cair da tarde daquele primeiro dia da semana, estando os discípulos reunidos a portas fechadas, por medo dos judeus, Jesus entrou, pôs-se no meio deles e disse: Paz seja com vocês! Tendo dito isso, mostrou-lhes as mãos e o lado. Os discípulos alegraram-se quando viram o Senhor. Novamente, Jesus disse: Que a paz esteja com vocês!" (João 20:19-21).

Três dias antes, os amigos mais íntimos de Jesus tinham dormido enquanto Ele chorava, fugido quando Ele foi preso, negado enquanto Jerusalém o denunciava e tinham se escondido enquanto Ele estava na cruz. Eles feriram o Salvador tanto quanto os soldados romanos que seguraram os martelos e pregaram os pregos. E mesmo assim, três dias depois, Jesus veio e os encontrou. Esses amigos covardes, que só aparecem quando tudo está bem, esses frouxos que o abandonaram completamente.

Em vez de punição, Ele lhes ofereceu a paz. "Que a paz esteja com vocês!", disse Ele.

Duas vezes.

Enquanto eu posso facilmente gastar anos lambendo minha ferida, Jesus não se permitiu ter esse luxo sequer por alguns dias. Ao contrário, Ele concedeu a paz àqueles que o tinham condenado e também àqueles que o tinham crucificado enquanto Ele ainda estava pendurado na cruz: "Pai, perdoa-lhes, pois não sabem o que fazem" (Lucas 23:34). Então, três dias depois, Ele perdoou seus amigos íntimos com a paz.

Com essa imagem carinhosa de Jesus, olho para a menininha com seu cata-vento. Não, ela não tinha ideia das perdas que marcariam sua vida. Meu corpo e alma carregam o peso dessas feridas. Eu as sinto mesmo quanto tento desesperadamente me livrar delas.

Mas também vejo como, lá na cruz, Jesus começou a curar minhas feridas por meio de sua própria agonia. Para aqueles que estão presos em histórias que jamais pediram ou quiseram ter, Jesus vem com uma promessa: "Que a paz esteja com vocês!".

E hoje, quando olho para a foto da menininha de três anos, aceito as feridas e perdoo quem as causou. Porque eu sei que quando você e eu escolhemos perdoar como Jesus perdoou, as portas trancadas da nossa tristeza se abrem para a presença curadora do Salvador.

"Que a paz esteja com vocês!" Ele oferece. Apesar de tudo, eu a recebo.

Cinco minutos para desenvolver sua *fé*

> Tendo sido, pois, justificados pela fé, temos paz com Deus, pelo nosso Senhor Jesus Cristo, por meio de quem obtivemos acesso pela fé a esta graça na qual estamos firmes (Romanos 5:1-2).

Efésios 4 diz: "Não entristeçam o Espírito Santo de Deus, com o qual vocês foram selados para o dia da redenção. Livrem-se de toda amargura, indignação, ira, gritaria e calúnia, bem como de toda maldade. Sejam bondosos e compassivos uns para com os outros, perdoando-se mutuamente, como Deus os perdoou em Cristo" (v. 30-32). O perdão raramente é um exercício que devemos fazer apenas uma vez. Muitas vezes, durante minhas reflexões no meio da noite, percebo que preciso dizer as mesmas palavras: *Deus, eu os perdoo. Vou liberá-los mais uma vez. Eu confio em ti.* Isso não alivia a dor, mas reorienta meu coração e me lembra da sabedoria e do amor do meu Pai.

Mesmo que você não confie na pessoa que o machucou, você pode confiar em seu bom Pai? Ele está pedindo para perdoar, para o seu próprio bem e para a glória de Deus. Tire alguns minutos, feche os olhos e abra o coração, e conte para Deus a respeito de quem feriu você. Entregue tudo a Ele. Depois, faça minha oração com suas próprias palavras. Sua paz a aguarda.

DIA **5**

O TRABALHO ÁRDUO
DA RECONCILIAÇÃO

*Perdoar é um ato da vontade, e a vontade
pode funcionar independentemente de como
está nosso coração.*

— Corrie ten Boom

Eu não previ isso.

Por anos, eu me dediquei de todo meu coração nesse relacionamento, sem reservas. Eu acreditei, lutei, sacrifiquei-me várias vezes por ele. Como minha amiga Danette me diz: "Quando se está em um relacionamento, você aposta todas as fichas". Ela não está errada. É assim que eu amo.

E estava tudo bem. Sem nenhum aviso e em fração de segundos, descobri que a relação tinha acabado. Acabou. Sem explicações, sem discutir a relação.

Ai!

Embora eu estivesse totalmente comprometida, não era recíproco. Consequentemente, eu me senti desvalorizada e usada. E totalmente confusa. *O que houve? O que foi que eu fiz de errado?* Então, depois da minha autoflagelação, minhas perguntas se voltaram para os outros. *Como você pôde fazer isso? Como pôde ser tão insensível com alguém que você dizia se ter consideração?*

Eu passei por esses dois extremos – e uma série de outras grandes emoções – durante dias após o término. Como uma montanha-russa, subindo um minuto e descendo no outro, sentindo-me esperançosa em um dia e destruída no outro. E quando eu não estava me culpando pelo fracasso, estava culpando o outro lado. O resultado? Exaustão. E eu não estava mais perto de resolver a questão do que na semana anterior.

Como escritora, descobri que é sempre um pouco complicado compartilhar uma história pessoal que envolve outra pessoa, principalmente quando o outro indivíduo não é retratado da melhor maneira. O objetivo dessa história não é gerar compaixão por mim ou raiva pela pessoa que me injustiçou. Deus sabe que desempenhei os dois papéis nessa história. Pelo contrário, é normalizar a dor profunda do colapso relacional e o trabalho igualmente árduo da reconciliação. Imagino que você tenha sua própria história ou até mesmo duas.

Veja, a menos que você e eu nos mudemos para uma caverna no deserto, vivamos sozinhas e comamos apenas vegetais, ainda assim vamos encontrar pessoas que vão nos decepcionar. Os seres humanos têm um histórico perfeito de relacionamentos imperfeitos. Isso significa que cada relacionamento em que você e eu investirmos, em algum momento, teremos decepção.

A verdadeira questão é: o que vamos fazer com as pessoas que nos decepcionam?

Rejeitá-los? Ou nos reconciliar com eles?

Reconciliar significa "restaurar a amizade ou a harmonia; resolver, solucionar".[50] Basicamente, a reconciliação no relacionamento é trazer algo que estava em oposição e desacordo para um estado de solução, harmonia ou compatibilidade. Sinto a rebeldia surgir dentro de mim quando leio essas palavras. Não quero a reconciliação. Quero justiça!

Recentemente, reli o famoso sermão da montanha de Jesus em Mateus capítulo 5. Cheio de alguns dos ensinamentos mais difíceis de Jesus, ele inclui uma orientação sobre como lidar com um relacionamento que não está como se esperava: "Portanto, se você estiver apresentando a sua oferta diante do altar e ali se lembrar de que o seu irmão tem algo contra você, deixe a sua oferta ali, diante do altar, e vá primeiro reconciliar-se com o seu irmão; depois, volte e apresente a sua oferta.

Não demore para entrar em acordo com o adversário que pretende levar você ao tribunal" (Mateus 5:23-25). Uau! Que verdade complicada. Não é minha favorita. Eu preferiria um ou dois versículos sobre punições severas para aqueles que se comportam mal. Mesmo assim, percebi uma nota na minha Bíblia, com minha letra, bem ao lado do difícil ensinamento de Jesus: "Valorizar as pessoas requer sacrifício".

A maioria das minhas anotações inclui a data em que foi escrita. Esta, porém, está sem data, embora pudesse facilmente ter vindo de qualquer uma das várias fases da minha vida.

Ao lado dessas palavras, também incluí uma nota final: "Culpar ou perdoar?"

A autora Corrie ten Boom foi uma das minhas primeiras professoras sobre o perdão. Ao ler *O refúgio secreto*, seu livro de memórias, que narra sua experiência na Segunda Guerra Mundial em um campo de concentração alemão, aprendi sobre o trabalho árduo da reconciliação. Após sua libertação da prisão e o fim da guerra, Corrie escreveu nove livros e falou em mais de sessenta países sobre o amor e o perdão de Deus. Mas sua mensagem de perdão foi testada ao extremo quando ela reconheceu um antigo oficial da SS, a temida organização paramilitar nazista, que se converteu a Cristo. Ao reconhecê-lo, ela enfrentou uma decisão difícil: culpar ou perdoar? "Ao mesmo tempo em que esses pensamentos me queimavam, percebi o pecado que cometia. Jesus Cristo tinha morrido por este homem; poderia eu exigir mais? 'Senhor Jesus', orei, 'perdoa-me e ajuda-me a perdoá-lo.'"

Mas o trabalho árduo da reconciliação provou ser ainda mais difícil do que ela imaginava. Lutando para sorrir e também estender a mão, Corrie voltou-se para o único poderoso o suficiente para transpor a divisão que ela não conseguia ultrapassar.

"Jesus, não consigo perdoá-lo. Dá-me do teu perdão", Corrie orou.

"Logo que apertei sua mão, um fato incrível aconteceu. Uma espécie de corrente elétrica pareceu passar de mim para ele, brotando de meu ombro e descendo pelo meu braço até ele e, de meu coração, nasceu um amor tão grande por aquele homem, que quase me sufocou. Foi assim que aprendi que não é por meio do nosso perdão, nem em nossa justiça própria, que repousa a sorte do mundo, mas nos do Senhor. Quando Ele nos ordena que amemos os nossos inimigos, Ele nos dá, juntamente com a ordem, o seu amor." [51]

Em qual tribunal você quer viver sua vida? O tribunal da culpa e do isolamento? Ou do perdão e da reconciliação? Não se esqueça: muito antes de um relacionamento precisar da sua reconciliação, você precisou de Deus. Você se lembra, não é? Daquelas vezes em que duvidou, questionou, rebelou-se contra Ele, desobedeceu, negou e rejeitou-o? Eu também.

"Pois se, quando éramos inimigos de Deus, fomos reconciliados com ele por meio da morte do seu Filho, quanto mais agora, tendo sido reconciliados, seremos salvos pela sua vida!" (Romanos 5:10).

Não se engane: a reconciliação é um dos trabalhos mais árduos que você fará. Eu ainda estou no processo confuso desse trabalho. Isso é justo? Nem um pouquinho. Afinal, Deus reconciliou você e a mim. E quando ficarmos vazios, Ele nos dará o amor e a força para fazer o mesmo.

Cinco minutos para desenvolver sua *fé*

Portanto, se alguém está em Cristo, é uma nova criação. As coisas antigas já passaram; eis que se fizeram novas! Tudo isso provém de Deus, que nos reconciliou consigo mesmo por meio de Cristo e nos deu o ministério da reconciliação, ou seja, que Deus em Cristo reconciliou consigo o mundo, não levou em conta as transgressões dos homens e confiou a nós a mensagem da reconciliação. Portanto, somos embaixadores de Cristo, e Deus faz seu apelo por meio de nós. Por amor a Cristo, suplicamos: reconciliem-se com Deus (2Coríntios 5:17-20).

O trabalho árduo da reconciliação requer primeiro que acreditemos que Deus está operando, mesmo quando as pessoas e os relacionamentos não dão certo. E participar da obra de Deus pode envolver estabelecer limites sólidos e buscar ajuda profissional quando o relacionamento é marcado por padrões doentios ou por abuso. O ministério da reconciliação nem sempre significa permanecer em um relacionamento. Para casos não abusivos de término relacional, o processo de reconciliação ainda será doloroso. Mas recusar a reconciliação também é doloroso. Pense em um relacionamento (ou dois) que está acabando. Qual é a sua parte no término? Como você pode consertar isso? Como Corrie fez, peça a Deus para lhe dar o perdão e o amor de que você precisa para estender sua mão. Então comprometa-se a dar o próximo passo.

PARTE 8

A PRÁTICA DA PERSPECTIVA

O sofrimento, não importa se grande ou pequeno, tem uma maneira de nos tornar míopes. Como descobrimos na prática da satisfação, a dor encolhe nosso mundo para que tudo o que possamos ver sejam as circunstâncias bem na nossa frente. Mas a prática da perspectiva ajuda a ver o mundo além do nosso. Em vez de ver apenas nossa história, excluindo todas as outras, começamos a ver nossa luta no contexto de um panorama, um que inclui o sofrimento do mundo inteiro. Embora a prática da perspectiva não torne nossas perdas menos reais ou válidas, ela abre nossos olhos para um mundo carente e para um Deus que deu tudo para fazer exatamente isso.

DIA **1**

APROVEITANDO O MILAGRE

Quem entende a emoção de ver as primeiras flores brilhantes da primavera tão nítida quanto alguém que acabou de passar pelo inverno longo e severo?

— Darlene Deibler Rose, *Evidence Not Seen*
[Evidências não vistas]

Do *deck* da cabana na montanha, ela parecia pequena o suficiente para caber na palma da minha mão. Talvez do tamanho de um soldado de brinquedo ou de um carrinho *Matchbox*. Por menor que parecesse do meu ponto de vista, era um dos 58 picos acima de 4.200 metros de altitude do Colorado, a famosa lista de montanhas que se erguem acima dessa marca na cordilheira das Montanhas Rochosas.

Esta montanha em particular – Quandary Peak – eleva-se a impressionantes 4.350 metros e ocupa a décima terceira posição entre os 58 picos. Um gigante e tanto.

Mesmo assim, da minha confortável cadeira *Adirondack*, a uma curta viagem de dez minutos do início da trilha, parecia irrelevante. Segurando meu *iPhone* para tirar uma foto, tive que dar um *zoom* para garantir que não fosse engolida pela floresta de pinheiros que o cercava na fotografia. Nossa família planejou fazer uma caminhada no dia seguinte. Não seria fácil, mas certamente não tão desafiador quanto alguns relataram. Afinal, Quandary poderia caber na palma da minha mão, certo?

Vinte e quatro horas depois, minhas pernas contaram uma história bem diferente. Na verdade, nós escalamos, chegando ao cume do Pico

Quandary, mas levamos cerca de quatro horas para subir 5.600 metros até o topo. E ainda tínhamos mais algumas horas para voltar. Quando voltei para minha cadeira, tínhamos caminhado cerca de sete horas e percorrido apenas 11 quilômetros.

Cada centímetro do meu corpo doía. Minhas pernas, pés, dedos, costas, braços, e até os folículos capilares. Estávamos exaustos. Desta vez, quando olhei para o Quandary Peak à distância, não o vi exatamente da mesma forma que antes. Não importa o quanto parecesse pequeno na visão da minha câmera, a experiência pessoal ensinou que não era algo tão fácil assim. Eu não o subestimaria novamente. Há um provérbio antigo e frequentemente citado que fala da nossa tendência a subestimar as coisas com as quais estamos mais familiarizados: "A familiaridade gera desprezo". Desprezo é uma palavra forte e me faz estremecer um pouco. Significa pensar que algo não vale a pena ser considerado, indigno de consideração ou atenção. A familiaridade geralmente traz esse tipo de desconsideração negligente.

Por exemplo, aqueles que podem ir até a cozinha, pegar um copo e colocá-lo sob uma torneira para encher com água corrente raramente param para reconhecer que cerca de 884 milhões de pessoas no mundo não têm acesso a água potável. [52]

As ondas do oceano atingem a costa várias vezes por minuto – com um intervalo de cinco a quinze segundos – dependendo da velocidade do vento, do tempo em que o vento está soprando e do tamanho do mar sobre o qual ele sopra. Mesmo assim, aqueles que vivem perto do oceano logo param de ouvi-lo, embora os ciclos das ondas nunca parem. [53]

Ainda que hoje muitos relutantemente vão às consultas médicas que prefeririam não ir, metade da população mundial não tem acesso a serviços básicos de saúde, o que significa que eles dariam qualquer coisa para ter um médico qualificado para se consultarem, bem como uma maneira de chegar lá em segurança. [54]

E sim, aqueles que vivem com as Montanhas Rochosas logo além de seus *decks* da frente às vezes esquecem tanto a magnitude intimidadora quanto o mistério delas.

A familiaridade gera desprezo. Infelizmente.

O mesmo pode ser dito para aqueles que passaram algum tempo em torno do evangelho. Quantos de nós perdemos a realidade do tesouro que nos foi dado?

O livro de Marcos conta a história do retorno de Jesus à sua cidade natal. Depois de partir e iniciar seu ministério, Ele retorna para pregar para aqueles que o viram crescer.

"De onde lhe vêm estas coisas? – perguntavam. Que sabedoria é esta que lhe foi dada? E este poder para realizar milagres? Não é este o carpinteiro, filho de Maria e irmão de Tiago, José, Judas e Simão? Não estão aqui conosco as suas irmãs? E encontraram motivo de tropeço nele. E ficou admirado por causa da incredulidade deles" (Marcos 6:2-3, 6).

Aqueles mais próximos de Jesus foram os que mais tiveram dificuldade para acreditar nele. A familiaridade com Ele tornou mais difícil de segui-lo. Mas isso não foi culpa de Jesus, assim como as dores e os sofrimentos da minha caminhada não foram culpa da montanha. Quandary estava nos mesmos 4.350 metros no dia anterior e no dia seguinte à minha caminhada. O problema estava no meu desprezo pela verdade dessa realidade.

E assim é conosco. Aqueles que debutam nas aulas da escola dominical correm o risco de ficar insensíveis à maravilha da presença e da salvação divina. Recebemos sua graça tantas vezes que deixamos de reconhecer o quanto somos indignos dela. Há muito tempo ouvimos sobre o amor infalível de Deus, de tal forma que deixamos de nos maravilhar por sermos os beneficiados. Bebemos profundamente do milagre do evangelho sem nenhuma consideração pelos milhões que não têm acesso a ele.

Nossa familiaridade com as boas novas nos faz mostrar desprezo por elas. Como passamos do desprezo para a consideração, do desrespeito para a estima, de ser um povo que minimiza o milagre do evangelho para nos tornarmos indivíduos que são humilhados e maravilhados por sua extravagância? Talvez seja necessário sair de nossas cadeiras, onde vemos o evangelho à distância e, então, encontrá-lo. Devemos experimentar a impossibilidade da nossa distância de Deus e sentir nosso desespero por salvação. Só então nos maravilharemos com um Deus que deu a sua própria vida para nos alcançar. Não apenas uma vez, mas várias vezes, para que nunca esqueçamos o que temos ou o quanto custou para chegarmos lá.

Não é suficiente crescer com Jesus. Você tem que estar disposta a trilhar o caminho dele com Ele. Só então você e eu teremos a mínima ideia da maravilha do presente que nos foi dado.

Cinco minutos para desenvolver sua fé

> Vejam como é grande o amor que o Pai nos concedeu, a ponto de sermos chamados filhos de Deus, o que de fato somos! (1João 3:1).

Leia Isaías 25:6-9, uma breve descrição do que está esperando por você e por mim. Essa é a nossa visão do topo, do outro lado da nossa caminhada com Jesus. Tire um momento para imaginar como seria sua vida sem nenhuma crença em Deus, sem nenhuma esperança de sua realidade e redenção, sem nenhuma possibilidade de uma eternidade na qual todos os erros serão corrigidos e todas as perdas serão reparadas. Imagine que esta vida é tudo o que existe e que quando for o fim, é o fim. Seu trabalho e relacionamentos não têm significado, assim como suas vitórias ou sofrimentos. Cada pedaço da sua vida é aleatório, sem sentido, sem propósito ou objetivo. Logo sua vida acabará e seu nome será esquecido. Todos os seus esforços vão evaporar como a água no sol escaldante. É doloroso pensar nisso, não é? E, no entanto, essa perspectiva aumenta o valor do que nos foi dado em Jesus. Permita-se ser humilde e ficar maravilhada. Então escreva uma breve oração de fascinação por esse presente extraordinário.

DIA **2**

A SALA DE AULA DO MUNDO

Mas é para isso que o passado serve. Cada experiência que Deus nos concede, cada pessoa que passa pela nossa vida, faz parte de nossa preparação para um futuro que somente Ele vê.

– Corrie ten Boom, *O refúgio secreto*

Eu me inclinei contra o assento de couro do nosso ônibus no aeroporto e suspirei de satisfação. Nos três dias anteriores, meu marido e eu tínhamos aproveitado uma breve viagem sem nossos filhos para Cabo San Lucas, México, cheia de dias ensolarados, muito sono e conversas ininterruptas. Divino.

Essas escapadas não acontecem com frequência. Por causa das necessidades dos nossos três filhos mais novos e das demandas dos nossos empregos, raramente conseguimos encontros para jantar, muito menos viagens para um casal. Nos últimos dois anos, tivemos um total de três noites de encontro e duas viagens noturnas sem nossos filhos, e em ambas as viagens noturnas meu marido pegou um vírus e teve uma febre alta poucas horas depois de sairmos de casa. Eu queria estar brincando.

Nas semanas que antecederam essa viagem, eu a segurei em minhas mãos como uma borboleta que morreria se eu a segurasse com muita força. Fiquei esperando tudo acabar, minha empolgação desaparecer. Mas desta vez tudo se encaixou, e nós desfrutamos cada minuto daqueles três dias. Quando fizemos as malas e pegamos o ônibus que nos levaria de volta ao aeroporto, eu me senti feliz e contente. Que presente.

E eu estava cheia de gratidão. Mas, poucos minutos depois daquele suspiro de satisfação, o ônibus saiu dos portões do resort e a vista do lado de fora da minha janela mudou. Enquanto segundos antes as palmeiras, a vista do oceano e os jardins enchiam a paisagem, agora a vista do lado de fora da minha janela mostrava a extrema pobreza e carência. Para onde quer que eu olhasse, eu via moradias decadentes de um único cômodo, pilhas de lixo, cães de rua famintos e adultos e crianças com olhos famintos, oferecendo-se para lavar nossas janelas para ganhar dinheiro.

Foi quando tudo se encaixou. Quando cheguei dias antes, eu não tinha percebido esses detalhes. Eu estava tão envolvida nas conversas no carro que não vi o mundo ao meu redor. Por três dias, nós nos sentamos em espreguiçadeiras na praia e na piscina com uma montanha atrás de nós. O que eu não sabia enquanto estava deitada confortavelmente é que do outro lado daquela montanha havia um mundo de carência. Protegida em minha bolha, eu não conseguia ver. Até o dia em que voltamos para casa e a vista do lado de fora da minha janela recusou-se a ser ignorada. Meu descuido não foi intencional, mas distorceu significativamente minha perspectiva.

A humanidade é propensa ao autoconsumo. Embora às vezes sejamos insensíveis, na maioria das vezes somos meramente ignorantes, cegos para o mundo fora do nosso. Como diz o velho ditado, "não conseguimos olhar além do nosso próprio umbigo", da nossa experiência pessoal. Os períodos de luta exacerbam essa tendência. Enquanto estamos preocupadas com circunstâncias que nos mantêm acordadas à noite, perdemos a perspectiva do mundo e das pessoas ao nosso redor. Quando isso acontece – e acontece com todas nós – devemos nos dirigir até a montanha do que quer que esteja nos consumindo. Por quê? Porque uma visão mais ampla coloca nossa crise em perspectiva.

O contexto é relevante. Digamos que hoje você foi trabalhar e foi demitida. Como vai pagar seu aluguel? E se não conseguir encontrar outra coisa que goste de fazer? E se o pagamento for menor do que antes? Perder um emprego é difícil; eu já passei por isso. E você tem todos os motivos para se sentir triste pelo que foi perdido e ter medo pelo que pode acontecer logo em seguida. Todas são respostas válidas para uma circunstância difícil.

Mas quando sua dor se torna um buraco do qual você não consegue sair, pode ser hora de mudar sua perspectiva, ir para o outro lado da montanha e ter um vislumbre do mundo pela sua janela. Você sabia que a taxa de desemprego na África do Sul está perto de 30%? [55] E que a renda média mundial gira em torno de US$ 9.700 por ano? Isso significa que se você ganha cerca de US$ 180 por semana (ou US$ 30 por dia), você está acima da média. [56] Sim, perder um emprego é difícil, por vários motivos. Ao mesmo tempo, quando me coloco na sala de aula do mundo, vejo minha luta como parte do sofrimento coletivo da humanidade. E embora ainda seja difícil, não estou mais sozinha.

Um dos presentes da minha longa jornada contra o câncer é como ela me conectou com milhares de outras pessoas ao redor do mundo que estão em jornadas semelhantes. Onde tenho a tendência de me esconder e dar uma festa de autopiedade para mim, as histórias dessas almas corajosas me ajudam a ver o mundo fora do meu. Embora meu sofrimento permaneça, o panorama equilibra, tornando-o suportável. Embora eu ainda sofra, também vejo novas maneiras de ser grata pelos meus altos e baixos do sofrimento. Juntos, ao entrar no mundo um do outro, encontramos conforto, companheirismo e uma perspectiva muito necessária.

Mas cuidado: esta prática de reorientação é um trabalho individual. Não é algo para se usar como uma arma e prescrever para outra pessoa. Tentar reorientar a perspectiva da outra pessoa é ser o pior dos amigos de Jó, acrescentando vergonha ao sofrimento. E não é uma competição para saber "quem está pior". Esse não é um *ranking* de sofrimento ou de encontrar uma dor pior do que a sua.

Em vez disso, é segurar sua dor e a dor dos outros, em cada uma das suas duas mãos. Então, com uma nova sabedoria, uma nova perspectiva e lutadores ao seu redor, você pode encontrar novas forças para viver sua própria história.

Cinco minutos para desenvolver sua *fé*

> Quando contemplo os teus céus, obra dos teus dedos, a lua e as estrelas que ali firmaste, pergunto: "Que é o homem, para que com ele te importes?" (Salmos 8:3-4).

Pelos próximos cinco minutos, contemple o mundo do lado de fora da sua janela. Considere como seria o dia de hoje para um jovem de trinta anos no Malawi, que é o quarto país mais baixo do mundo em renda per capita. Ou considere como seria o dia de hoje para um jovem de treze anos na China, um país classificado em segundo lugar no tráfico sexual em todo o mundo. Agora imagine como seria seu dia se acordasse em um lugar diferente, em uma geração diferente e com circunstâncias diferentes. O objetivo não é sentir culpa sobre sua realidade, mas ampliar sua visão para que possa ver sua realidade em um contexto maior. Como a sala de aula do mundo pode dar-lhe força e sabedoria novas para o que você está enfrentando hoje? Escreva o que Deus trouxer à mente. Então faça esta oração:

Deus, abra meus olhos. Dá-me maior consciência e empatia por aqueles ao redor do mundo que sofrem. Ajuda-me a ver o que tu vês e ser comovida. Amém.

DIA 3

OS TESOUROS NA ESCURIDÃO

Continuamos pensando que o problema está lá fora, nas coisas que nos assustam: as noites escuras, os pensamentos sombrios e intrusivos, emoções sombrias. Se pudéssemos nos defender melhor contra tudo isso, então certamente nos sentiríamos mais firmes e seguros. Mas é claro que estamos errados, como a experiência prova repetidamente. O problema real tem muito menos a ver com o que realmente está lá fora do que com nossa resistência em descobrir o que realmente está lá fora. O sofrimento vem da nossa relutância em aprender a andar no escuro.

— Barbara Brown Taylor, *Learning to Walk in The Dark*
[Aprendendo a andar no escuro]

Uma das melhores partes de viver a trinta minutos fora da cidade em um bairro onde as casas são amplamente espalhadas é que estamos bem além do alcance das luzes da cidade. Embora eu pudesse escalar a montanha atrás de nossa casa e ver o brilho distante do centro de Denver ao norte e Colorado Springs, ao sul, a luz não alcança onde estamos. Isso significa que quando o sol se põe, nossa casa de campo é engolida pela escuridão. Como um veludo preto salpicado de um milhão de diamantes, a extensão do céu noturno do lado de fora das minhas janelas ilumina-se com uma vasta gama de estrelas cintilantes.

Claro, esse tipo de escuridão esmagadora também traz seus próprios medos. Eu geralmente vejo animais selvagens do lado de fora da janela do meu escritório durante o dia, incluindo alces, coiotes, ursos-negros, linces e, de vez em quando, um puma. Se esses animais não hesitam em rondar durante o dia, imagine suas travessuras sinistras à noite. Às vezes, vejo evidências de suas atividades no lixo despedaçado por todo o meu quintal. Eu odiaria ver o que eles poderiam fazer comigo. Digamos que quando minha cadela late ferozmente na porta dos fundos, eu acredito nela.

Mesmo assim, agradeço às minhas estrelas da sorte todos os dias por termos nos estabelecido aqui. O glorioso céu noturno mais do que compensa qualquer ameaça à vida selvagem. Qualquer medo é engolido pelo fascínio, qualquer terror eclipsado pela admiração. Embora seja apropriado ter cautela, a consciência da vida selvagem da criação serve apenas para aprofundar minha apreciação. De certa forma, o mistério aumenta minha adoração.

Em seu livro *Learning to Walk in the Dark* [Aprendendo a andar no escuro], Barbara Brown Taylor fala sobre sua determinação não apenas de tolerar a escuridão, mas de aprender a aceitá-la e aprender com ela. "Aprendi coisas na escuridão que nunca poderia ter aprendido na luz, coisas que salvaram minha vida várias vezes, de modo que há realmente apenas uma conclusão lógica: Eu preciso da escuridão tanto quanto preciso da luz."[57] Ela sugere que, em vez de temer a noite e tentar escapar dela entrando, fechando e trancando as portas e acendendo todas as luzes, tratemos a escuridão como uma sala de aula e tornemo-nos uma aluna da escuridão, tanto quanto da luz. Deus criou o mundo a partir de uma tela negra. Foi a escuridão que deu origem à sua obra artística: "A terra era sem forma e vazia; havia trevas sobre as águas profundas, e o Espírito de Deus se movia sobre a face das águas. Deus disse: Haja luz. E houve luz. Deus viu que a luz era boa e fez separação entre a luz e as trevas. Deus chamou à luz "dia", e às trevas chamou "noite". Passaram-se a tarde e a manhã; esse foi o primeiro dia. E se pudéssemos aprender a ver a possibilidade artística em nossos períodos de escuridão?

Minha vida foi marcada por um sofrimento significativo. E embora eu desejasse que fosse diferente, ele continua. Muitas vezes, os amigos fazem a conexão entre a história difícil de Jó e a minha, enquanto observam os desafios se acumularem um após o outro. E, no entanto, quando olho para trás, vejo não apenas tristeza, mas também ganho. Meus momentos mais preciosos incluem os momentos em que Deus brilhou sua luz nos dias mais sombrios, dando-me um conforto que não poderia ser explicado. Quando eu menos esperava, Ele apareceu. Não do jeito que eu imaginava, nem sempre do jeito que eu queria. Mas a escuridão da minha realidade tornou a luz de sua presença ainda mais clara. Como disse o profeta Isaías, descobri "tesouros das trevas, riquezas armazenadas em locais secretos" (Isaías 45:3). Como uma tela de veludo preto que exibe um punhado de milhões de diamantes.

Quando você e eu praticamos a perspectiva, escolhendo ter olhos para ver a presença de Deus no meio de nossas noites mais escuras, descobrimos diamantes em um céu de lua nova. É uma obra que somente Deus pode fazer, um presente que somente Ele pode entregar. E quanto mais escura a noite, mais belas as estrelas.

"Haja luz", disse Ele.

E houve luz. E haverá novamente.

Cinco minutos para desenvolver sua *fé*

Darei a você os tesouros das trevas, riquezas armazenadas em locais secretos, para que você saiba que eu sou o Senhor, o Deus de Israel, que o convoca pelo nome (Isaías 45:3).

Em Salmos 139:11-12, o salmista revela o segredo para superar o medo do escuro: "Se eu disser: 'Certamente as trevas me encobrirão, e a luz ao meu redor se tornará noite', nem mesmo as trevas serão escuras para ti; a noite brilhará como o dia, pois para ti as trevas são luz". Nossa capacidade de tolerar a escuridão depende da nossa confiança na autoridade de Deus sobre e no poder na escuridão. Deus é luz. Então, embora a escuridão possa obscurecer nossa visão, Deus vê claramente. Ele não está inseguro, nem com medo. Tudo o que precisamos fazer é segurar sua mão e permitir que Ele nos guie. Sua perspectiva basta. Feche os olhos, desligando toda a luz externa. Então imagine seu Pai guiando você pela mão. Mesmo que você não possa ver, Ele pode. Confie nele.

DIA 4

SONHANDO COM O CÉU

*Não podemos antecipar ou desejar
o que não podemos imaginar.*

— Randy Alcorn, *Heaven* [Céu]

Eu estava sentado lá fora tomando sol de verão quando meu telefone vibrou com uma mensagem de texto de um dos nossos filhos adultos.

"Posso ir para casa? Preciso ir para casa."

Durante meses, ele enfrentou vários desafios. Uma carga acadêmica rigorosa na faculdade e posições de liderança desafiadoras, tudo exacerbado por uma pandemia que não acabava. Então, em meio a tudo isso, um de seus relacionamentos mais importantes foi embora para o sul. Este é o nosso filho otimista, aquele cujo copo está sempre meio cheio. E aquele cujos relacionamentos dão certo. Eu podia sentir seu desânimo, não importava o quanto a mensagem fosse breve.

"Claro. Sempre. Vou arrumar seu quarto."

Lembro-me de fazer algo semelhante décadas antes, quando eu estava no segundo ano em uma pequena faculdade cristã particular. Embora, em muitos aspectos, eu prosperasse, eu ainda era uma jovem de dezenove anos com uma autoimagem frágil e um desejo desesperado de ser amada. Então, quando alguns colegas fizeram alguns comentários irrefletidos sobre minha aparência, isso me destruiu. Eu me lembro da humilhação e da rejeição. E eu me lembro de estar deitada no beliche de baixo do meu dormitório quando liguei para meus pais.

Posso voltar para casa?

MULHERES INABALÁVEIS

Há uma saudade de casa que sentimos em lugares de sofrimento. Não importa o tamanho ou a fonte, a dor grita: "Não era para ser desse jeito!" E não importa os amigos que chamamos ou as distrações que nos entretemos, o sofrimento cria uma diversidade, alienando-nos de tudo o que é familiar. E nos fazendo ansiar pela nossa casa com um grito que sacode nossos ossos.

O autor de Hebreus relata os muitos homens e mulheres de fé que vivenciaram essa saudade de casa em meio ao sofrimento: "Todos esses morreram na fé sem terem recebido as promessas; viram-nas de longe e de longe as saudaram, reconhecendo que eram estrangeiros e peregrinos na terra. Os que assim falam mostram que estão buscando uma pátria. Se estivessem pensando naquela de onde saíram, teriam oportunidade de voltar. Em vez disso, esperavam uma pátria melhor, isto é, a pátria celestial" (Hebreus 11:13-16).

Ansiando pelo céu. Saudades de casa. Mas esse tipo de saudade não pode ser curado por uma solução terrena.

Em 2014, recebi um telefonema do meu pai enquanto palestrava em um evento na Flórida. Enquanto eu estava sentada no meu quarto de hotel a milhares de quilômetros de distância, meu pai disse que lhe restavam apenas alguns meses de vida. O câncer de pâncreas é cruel, e a doença do meu pai não foi exceção.

Isso foi em 8 de maio. No dia 19 de agosto, ele faleceu. Naqueles três curtos meses, vi meu pai processar a realidade de sua morte. No início daquele mesmo ano, recebi um segundo diagnóstico de câncer, então fiz algumas anotações. Eu o vi lamentar sua morte iminente, o futuro que ele sonhou com sua esposa, filhos, netos e amigos, as memórias que faríamos sem ele, os planos que ele fez, mas não conseguiu realizar.

Mas eu também o vi sonhar com o céu. Como se estivesse planejando as únicas férias na vida, vi sua expectativa e entusiasmo, e observei enquanto ele planejava e se preparava. Ele lia mais a Bíblia, falava mais sobre Jesus. E embora ele tenha sofrido, ele também experimentou uma alegria verdadeira. Depois de passar a vida adulta sonhando com o céu, esse sonho estava prestes a se realizar.

Saudades de casa. Ele estava com saudades de casa.

Posso voltar para casa?

Claro. Sempre que quiser. Vou arrumar seu quarto.

Em 19 de agosto de 2014, ele finalmente conseguiu vê-lo.

Embora você e eu tenhamos endereços terrenos, este não é o nosso lar. Nunca será o nosso lar. Sentimos a dor dessa verdade toda vez que as paredes temporárias da nossa vida desmoronam e desabam. É tão fácil esquecer que esta vida não é o fim.

Mas e se passássemos mais tempo sonhando e aguardando o céu? E se nos permitíssemos o luxo da antecipação, de sonhar com a vida que está por vir com tanto entusiasmo quanto sonhamos com nossas próximas férias de verão? Fazer isso faz parte da prática da perspectiva e é um dos segredos para uma fé que não é fingida.

Por mais reais que sejam nossos desafios, o céu deve se tornar ainda mais real. Essa dor que você sente? É que você está com saudades de casa. Mas tudo bem, pois sentir saudades de casa só confirma que o melhor ainda está por vir. Vá em frente e sonhe, mesmo enquanto chora. Em breve, um dia você finalmente estará em casa. E Ele vai arrumar seu quarto.

Cinco minutos para desenvolver sua *fé*

> Quanto à ressurreição dos mortos, vocês não leram o que Deus disse a vocês: "Eu sou o Deus de Abraão, o Deus de Isaque e o Deus de Jacó"? Ele não é Deus de mortos, mas de vivos (Mateus 22:31-32).

Para começar, leia Apocalipse 21, lentamente: "Então, vi novos céus e nova terra, pois o primeiro céu e a primeira terra tinham passado, e o mar já não existia. Vi a cidade santa, a nova Jerusalém, que descia dos céus, da parte de Deus, preparada como uma noiva adornada para o seu esposo. Ouvi uma alta voz que vinha do trono e dizia: Eis que o tabernáculo de Deus está com os homens, com os quais Ele viverá. Eles serão os seus povos; o próprio Deus estará com eles e será o Deus deles. Ele enxugará dos seus olhos toda lágrima. Não haverá mais morte, nem aflição, nem choro, nem dor, pois as coisas antigas já passaram. Aquele que estava assentado no trono disse: 'Vejam, eu farei novas todas as coisas!'" (Apocalipse. 21:1-5). Em seguida, destaque qualquer palavra ou frase nesses versículos que mexa com seu espírito ou seja significativa para você de alguma forma.

Finalmente, liste as muitas coisas que mal pode esperar para viver no céu. Como se estivesse planejando a viagem da sua vida – e esta! – imagine como será e permita-se sentir a alegria da antecipação.

DIA 5

CONHECENDO DEUS

Quando você se dá conta de que o principal objetivo da sua existência é conhecer a Deus, a maioria dos problemas da vida se resolvem por si mesmos.

— J.I. Packer, *Knowing God* [Conhecendo Deus]

Vamos falar de presentes.

Presentes de aniversário. Presentes de Natal. Presentes para as professoras, as mães, os namorados. E não vamos esquecer das temidas bodas, organizadas a cada ano, do 1º ao 60º, que a tradição diz que trazem prosperidade e sucesso em seu relacionamento desde que você faça tudo certo. A propósito, o presente recomendado para a 11ª boda é o aço. Boa sorte com esse. Independentemente da celebração, os presentes adicionam uma medida de empolgação infantil à experiência, bem como uma quantidade considerável de estresse. Se você receber o presente certo, que fantástico. Mas e se não receber? Vá em frente e pegue um cobertor enquanto vai para o sofá. Você vai dormir lá esta noite.

O segredo de dar bons presentes é ter um conhecimento íntimo do destinatário. Se você sabe que a professora do seu filho tem alergias, não pode enviar-lhe um buquê de flores. Se seu amor não gosta de doces, você não vai dar a ele uma caixa de chocolates em forma de coração no Dia dos Namorados. Tudo se resume ao quanto conhece o coração de quem você ama.

Quando meu sonho de ter um casamento e filhos terminou em divórcio e em uma maternidade solo aos 27 anos, tive certeza de que Deus não se importava comigo. Deus e eu estávamos em um relacionamento há quase três décadas, um relacionamento que envolvia idas semanais à igreja, leitura regular da Bíblia e muito serviço voluntário. Eu orava, louvava e obedecia, como uma atleta. Além disso, eu orava fielmente por meu futuro marido e filhos desde que eu estava no Ensino Médio. Era o que eu mais desejava. Mesmo assim, Ele não entregou o único presente que eu pedi a Ele, de forma devastadora.

Por que, Deus? Eu perguntei mais de uma vez.

Eu não obtive uma boa resposta. Ou Ele realmente não me conhecia, ou Ele não se importava comigo. A realidade das minhas circunstâncias e as minhas conclusões sobre a aparente inércia de Deus me levaram a uma forte crença sobre seu caráter, conceitos e coração.

Eu me senti bem com minha matemática. Afinal, fatos são fatos. A bênção de Deus deixou a desejar.

Mas e se, depois de todos os nossos anos juntos, não fosse Ele que não me conhecesse, mas eu que não o conhecesse?

Eu precisava voltar aos fatos, reexaminar as evidências e provar minha afirmação ou inventar uma nova.

Foi o que eu fiz. Eu pesquisei na Bíblia em busca de evidências do caráter de Deus e sua afeição por seu povo, incluindo a mim. Procurei histórias e padrões que me ajudassem a interpretar os meus próprios. Talvez então eu pudesse entender Deus.

Essa tem sido minha rotina por muitos anos. Em vez de filtrar minhas experiências por meio de minha própria narrativa, comecei a filtrar minhas experiências pela narrativa do evangelho. Eis o que descobri:

As histórias do povo de Deus ao longo da história estão cheias de sofrimento. O meu não era exceção. Adão e Eva perderam a existência perfeita que tinham no jardim do Éden e depois perderam seus dois filhos, um assassinado e o outro por ter cometido o homicídio. Abraão e Sara deixaram tudo para trás para seguir a Deus até uma terra distante, uma jornada repleta das promessas do Senhor, mas com poucas respostas, pelo menos durante a vida inteira deles. Moisés era um peregrino inseguro, Ester órfã, Rute era uma viúva sem pátria e José um escravo.

Sadraque, Mesaque e Abednego louvaram a Deus só para terminarem em uma fornalha ardente. João Batista acabou sendo decapitado, Estevão apedrejado, Paulo foi preso, os discípulos foram executados, menos João, que foi exilado em uma ilha. Até o próprio Jesus foi torturado e crucificado após ser abandonado por todos que alegavam amá-lo.

Por que, Deus? Cada um tinha um bom motivo para se questionar, incluindo Jesus (Mateus 27:46).

E, no entanto, apesar das perguntas retóricas e do sofrimento sem alívio, eles seguiram a Deus até a morte, em muitos casos, cheios de paz interior. Por quê?

Só posso chegar a uma única conclusão: a esperança que eles tinham permaneceu apesar das dificuldades porque eles o conheciam. *Eles o conheciam.* Então, mesmo quando não entendiam o comportamento do Mestre, eles confiavam em seu caráter e coração.

- Eu, porém, confio em ti, Senhor, e digo: "Tu és o meu Deus". O meu futuro está nas tuas mãos (Salmos 31:14-15);
- "Corro pelo caminho que os teus mandamentos apontam, pois deste ânimo ao meu coração" (Salmos 119:32);
- "Esta é a vida eterna: *que te conheçam*, o único Deus verdadeiro, e a Jesus Cristo, a quem enviaste" (João 17:3, ênfase da autora).

É bom ter esperança pelas bênçãos. Mas essas bênçãos devem ser definidas como boas, pois elas filtram a realidade da nossa existência espiritual e não apenas física. Se processarmos e avaliarmos tudo, desde nossas carreiras até nossos relacionamentos e até mesmo nossa expectativa de vida através dos filtros da eternidade e da realidade de Deus, até mesmo as perdas mais sombrias assumem um tom diferente e mais claro. Não é menos difícil, mas não ficamos sem ter esperança. Mas isso requer conhecer a Deus mais do que a cultura *pop*. Conhecer sua Palavra mais do que os *feeds* de notícias das redes sociais. Conhecer a promessa de sua presença tanto quanto a dor do sofrimento.

"Essa é a primeira orientação para a boa observância do sábado, a que se volta para Deus," diz o autor Mark Buchanan. "É praticar, principalmente por meio da gratidão, a presença de Deus até que você esteja totalmente convencido de sua bondade e soberania, até que Ele seja maior e você encontre seu descanso somente nele." [58]

No final das contas, nossa fé será fortalecida não por uma mudança temporária das circunstâncias, mas por uma mudança permanente em nosso conhecimento do Senhor. Ao conhecê-lo, descobriremos um conforto que se estende além de nossa capacidade de entender ou dar sentido à nossa dor. Talvez nunca saibamos as respostas para os nossos "porquês", mas o "quem" pode ser respondido de uma vez por todas.

Cinco minutos para desenvolver sua *fé*

> Esta é a vida eterna: que te conheçam, o único Deus verdadeiro, e a Jesus Cristo, a quem enviaste (João 17:3).

Nos últimos anos, tenho feito uma oração com um único versículo inúmeras vezes, como meio de obter uma compreensão mais ampla sobre Deus e quem Ele é: "Abre os meus olhos para que eu veja as maravilhas da tua lei" (Salmos 119:18). Fecho os olhos, abro-os e elevo minhas mãos e repito esse versículo algumas vezes em voz alta. Então espero e ouço. Seja o que Deus colocar na minha mente, escrevo no meu diário para meditar mais tarde. Permito que essa oração simples me posicione como uma aprendiz na sala de aula de Deus, lembrando-me de que Ele é professor e a matéria a ser estudada. Hoje, tente uma prática semelhante para o seu exercício de cinco minutos para desenvolver sua fé, permitindo que quaisquer mal-entendidos que tenha sobre quem é a pessoa de Deus sejam corrigidos por sua mão amorosa.

PARTE 9

A PRÁTICA
DO VÍNCULO

Para ver o valor que Deus atribui ao relacionamento, não precisamos olhar além da Trindade. Embora a Trindade seja um conceito teológico desafiador de se entender, a Bíblia deixa claro que Deus é Pai, Filho e Espírito, três pessoas separadas, mas essenciais e interdependentes. Embora tenham papéis distintos, eles trabalham em conjunto para realizar os propósitos de Deus na terra e no céu. Se o próprio Deus incorpora a necessidade da interdependência e do vínculo, por que nós, a criação, não precisaríamos do mesmo? Embora possamos negar ou resistir, somos programados para ter relacionamentos, com Deus e com os outros. E embora o sofrimento possa nos tentar a nos afastar, o fortalecimento da nossa fé exige que nos aproximemos. Quando nos aproximamos, descobrimos ter uma nova coragem na comunhão com os outros.

DIA 1

O CONFORTO DO VÍNCULO

Trago a vocês notícias de uma realidade viva que muda tudo. Jesus veio; Jesus voltará. Seja qual for sua escuridão pessoal, ela foi e será superada.

— Fleming Rutledge, *Means of Grace* [Meios da graça]

O e-mail chegou à minha caixa de entrada alguns dias atrás. De alguém que nunca conheci – vamos chamá-lo de Mark – eu li uma história assustadoramente parecida com a minha. Ele é alguns anos mais velho que eu, casado com Margaret, e mora em Denver. Alguns anos atrás, ele descobriu que tinha carcinoma espinocelular na língua, e recentemente a doença recidiu, exigindo uma cirurgia para remover metade de sua língua. Agora ele está fazendo sessões com um fonoaudiólogo para aprender a comer, beber e engolir novamente. E na semana que vem ele vai se reunir com a equipe de radio-oncologia para determinar os próximos passos.

Ele está com medo, e com razão. É por isso que ele entrou em contato comigo. No final do e-mail, ele me fez uma pergunta que somente alguém com uma história parecida poderia responder: "Há algum conselho, uma palavra de sabedoria, algo que possa me ensinar, que você acha que pode me beneficiar nesta fase da minha vida?"

Com cada palavra do e-mail, as memórias do meu próprio câncer voltaram nitidamente, com as imagens mais claras e reais do que elas eram minutos antes. Eu podia sentir os ecos do meu sofrimento e as ondas do velho e familiar medo. Embora o tempo tenha passado, a cura ainda continua, fisicamente e emocionalmente. O fato não está tão distante a ponto de ter esquecido. Duvido que algum dia esquecerei.

Mas eu tinha alguma palavra de sabedoria? A sabedoria exige que sejamos especialistas em algo. E embora eu seja uma sobrevivente, não tenho certeza se algum dia nos tornamos especialistas em sofrimento.

"Não tenho certeza se tenho alguma palavra de sabedoria ou algum conselho", respondi. "Minha fé em Jesus e a crença em sua presença inabalável comigo sustentaram-me. Em muitos dias, não senti sua proximidade e me perguntei se Ele havia me abandonado em meu sofrimento. Então, escrevi um diário. Todos os dias, escrevia a data do dia no topo de uma única página e, ao longo do dia, procurava evidências de sua bondade, gentileza e presença e as anotava. Algumas páginas estavam mais vazias do que outras. Mas agora tenho esse diário aqui no meu escritório, e volto e me lembro da fidelidade de Deus, mesmo no capítulo mais sombrio da minha vida. Ele estivera ainda mais presente do que eu percebia.

"Ele também está com você, Mark. Esta manhã eu orei por você e Margaret, para você ter força, pela cura rápida e completa, para ter paz e coragem em meio ao processo. E eu orei para que Deus deixasse bem claro que Ele está com você, até agora.

"Obrigada por me permitir sentar com você nesta fase, meu amigo. Isso também é uma evidência da bondade do Senhor. Pois ao compartilhar isso com você, Ele está redimindo algumas das minhas próprias perdas. Ele fará o mesmo por você."

E com essas últimas palavras, eu mais uma vez reconheci o mecanismo incomparável de redenção divina: Deus usa as questões que ainda lamentamos para dar o mais profundo conforto. Não apenas para os outros, mas também para nós. É algo paradoxal, sem sentido. Como a única questão que mais me devastou pode se tornar aquilo que me cura? No entanto, é exatamente isso que acontece. Cada vez que ouso estender a mão do meu lugar de tristeza para confortar outra pessoa, vejo o peso do meu sofrimento diminuído. Não de uma vez por todas nem para sempre. Mas um pouco de cada vez até que eu possa viver novamente.

Esse é o verdadeiro milagre.

Paulo entendeu esse mistério, esse milagre de conforto que vem quando o damos: "Pois, assim como os sofrimentos de Cristo transbordam sobre nós, também, por meio de Cristo, transborda a nossa consolação. Se somos atribulados, é para consolação e salvação de vocês; se somos consolados, é para que vocês tenham o consolo que os ajude a suportar com paciência os mesmos sofrimentos que estamos padecendo. A nossa esperança em relação a vocês está firme, porque sabemos que, da mesma forma que participam dos nossos sofrimentos, participam também da nossa consolação" (2Coríntios 1:5-7).

Sim, nossos sofrimentos são abundantes e, às vezes, eles estão além da nossa capacidade de suportar. Que glória, o nosso é um Deus de conforto abundante. Mas assim como o inalar deve ser seguido pelo exalar, o conforto recebido só é plenamente processado quando ele é compartilhado.

"Bem-aventurados os que choram, pois serão consolados" (Mateus 5:4). Com essa certeza como um novo fôlego em nossos pulmões, vamos igualmente soprar o conforto sobre aqueles que clamam por esse alívio. O conforto começa com Ele, mas é multiplicado em mim e em você.

Cinco minutos para desenvolver sua fé

> Bendito seja o Deus e Pai do nosso Senhor Jesus Cristo, Pai das misericórdias e Deus de toda a consolação, que nos consola em todas as nossas tribulações, para que possamos consolar os que estão passando por tribulações com a consolação que recebemos de Deus (2Coríntios 1:3-4).

Nos muitos anos em que tenho palestrado para grupos sobre fé e sofrimento, aprendi que temos uma capacidade extraordinária de suportar circunstâncias horríveis, desde que possamos encontrar propósito e intenção nelas. A boa notícia? Nossas perdas não são desperdiçadas nas mãos de Deus. "Sabemos que todas as coisas contribuem juntamente para o bem de todos aqueles que amam a Deus, dos que foram chamados de acordo com o seu propósito" (Romanos 8:28). Um dos meus exercícios favoritos durante esses eventos é levar o público a fazer uma avaliação da vida. Hoje, quero que você faça uma versão abreviada. Faça duas listas. Na primeira, liste seus arrependimentos e perdas. Na segunda, liste como esses arrependimentos e perdas fazem de você uma fonte de conhecimento e conforto para os outros. Quando terminar, leia 2Coríntios 1:3-7 novamente e entregue suas listas ao Deus de todo o conforto.

DIA **2**

O PRESENTE DO VÍNCULO

*Na amizade... achamos que escolhemos nossos
amigos. Na realidade, alguns anos de diferença nas
datas de nossos nascimentos, alguns quilômetros
a mais entre certas casas, a escolha de uma
universidade em vez de outra... o incidente de um
assunto ser abordado ou não em um primeiro
encontro – qualquer uma desses acasos pode ter
nos mantido separados. Mas, para um cristão, não
há, estritamente falando, acasos. Um mestre de
cerimônias oculto está agindo.*

– C. S. Lewis, *The Four Loves* [Os quatro amores]

Foi em 11 de março de 2015, quando Bethany me enviou sua primeira
mensagem no *Facebook*.

Uma ou duas semanas antes, a pedido de um amigo em comum,
enviei-lhe meu livro *Undone: A Story of Making Peace with an Unexpected
Life* [Desconstruída: uma história de fazer as pazes com uma vida ines-
perada]. Conhecendo nossas histórias, a amiga pensou que Bethany
poderia se sentir encorajada pela minha. Demorei mais do que planejei
para enviá-lo porque passara apenas algumas semanas depois da cirurgia mais recente, ainda coberta de queimaduras de radiação e ostentan-
do um tubo de alimentação e de traqueostomia. Eu estava em má forma
e tinha pouco para compartilhar. Mas esse pequeno esforço acabou
entregando um presente extraordinário.

Bethany sabia um pouco sobre o sofrimento duradouro. Alguns anos antes de nos conhecermos, ela e sua família mudaram-se da antiga casa na Geórgia para o Tennessee. Então, uma semana depois, ela descobriu que tinha lipossarcoma, um câncer raro. Uma mudança de casa ou um diagnóstico era mais do que suficiente para lidar sozinha. Mas os dois de uma só vez? Isso não era justo.

Mas Bethany não permitiu que o isolamento de sua mudança ou sua doença se tornassem um deserto que impediria a comunhão. Pouco tempo depois da mudança, ela começou um estudo bíblico em sua casa com algumas mulheres. Ela poderia ter se isolado e se protegido; em vez disso, ela estendeu a mão e se conectou. Com o tempo, o estudo bíblico cresceu e dezenas de mulheres tiveram comunhão umas com as outras. Mas começou com a dor de uma mulher e sua determinação de se conectar em meio ao turbilhão.

Quando conheci Bethany online, alguns anos já tinham se passado, assim como várias recorrências de lipossarcoma. Então a amiga me pediu para enviar um livro. Eu enviei. E em 11 de março, Bethany me enviou uma mensagem para me avisar que ela o tinha recebido: "Só quero que você saiba o momento em que recebi seu livro ontem. Foi o dia em que descobrimos que meu câncer havia retornado pela quarta vez! Buuuu! Mas que prazer chegar em casa e encontrar seu livro na minha caixa dos correios! Já comecei a ler e sei que será um grande encorajamento. Então, como sempre, o tempo de Deus é perfeito! Estou orando por você em sua jornada, irmã. Continue firme!".

Só Deus poderia orquestrar esse momento. Eu queria hesitar. Ele queria que eu fosse obediente. Eu lhe escrevi novamente: "Sinto muito, Bethany. Não é a notícia que você queria ouvir! *Mas* (esse é um grande *mas*) Deus não está limitado ao diagnóstico de um médico. Nem um pouco! Ele não tem medo, Ele não fica intimidado. Então vá lá, lute, viva e tenha certeza de que aquele que a criou sabe exatamente como lutar por você da maneira perfeita. Ele não vai abandoná-la".

"O que está em jogo aqui é a glória. Procure-a. Procure-a como se fosse um tesouro. A maneira como Deus revelou-se para mim nos últimos quatro meses é de tirar o fôlego. Ele fará o mesmo por você."

Após essa interação inicial no *Facebook*, passamos nossa amizade para as mensagens de texto. E pelos próximos seis anos, trocamos centenas de mensagens. Eu sei porque recentemente acessei e vi. Naqueles anos, nós duas oferecemos conforto e o recebemos, fizemos perguntas e as respondemos, pedimos e fizemos orações. Como um jogo amigável de tênis, revezamo-nos, abraçando o presente do vínculo. Dessa forma, nós duas terminamos com uma fé mais fortalecida.

Em 15 de agosto de 2021, um domingo, Bethany foi para casa com Jesus. Eu chorei. Enquanto minha alma celebrava a plenitude da minha amiga, meu coração doía com sua ausência. Durante os anos em que nos conhecemos, nunca nos encontramos pessoalmente. E, ainda assim, nosso vínculo deu vida a nós duas.

Hoje, revisitei seu perfil no *Facebook* e li qual foi sua última postagem em 25 de julho. "Nós combatemos o bom combate, não é mesmo? Não me arrependo de nenhuma mudança. Minha família está aqui. Estamos todos bem. Estou de coração partido, como você pode imaginar, mas tudo dentro do controle e ciente cem por cento que Jesus é nossa esperança e que, enquanto compartilharmos esse vínculo, veremo-nos novamente, meus amigos! Lembre-se sempre de que Ele é fiel... não importa o que aconteça! #olheparaocéu."

Não importa o que aconteça. Olhe para o céu! Esse era seu lema, para si mesma e para nós. Deus é a fonte da nossa esperança, o objeto de nossa maior alegria. Mas essa esperança e alegria são cumpridas quando vivemos em comunhão uns com os outros.

Em seu livro *Free of Charge: Giving and Forgiving in a Culture Stripped of Grace* [Gratuitamente: dar e perdoar em uma cultura desprovida de graça], o professor de teologia da Universidade de Yale, Miroslav Volf, fala sobre o incrível valor do vínculo, principalmente quando enfrentamos dificuldades: "Sabemos que é bom receber, e fomos abençoados em receber não apenas quando éramos crianças, mas também como adultos. No entanto, Jesus ensinou que mais bem-aventurada coisa é dar do que receber (Atos 20:35), e parte do crescimento é aprender a arte de dar. Se não aprendermos essa arte, viveremos vidas sem plenitude e, no final, as correntes da escravidão substituirão os laços que man-têm nossas comunidades unidas. Se continuarmos apenas estocan-do o maná ou mesmo negociando, desperdiçaremos a nós mesmos. Se dermos, recuperaremo-nos como indivíduos plenos e comunida-des prósperas". [59]

Para termos resiliência, é necessário primeiro termos um relaciona-mento. No processo de dar, mesmo quando temos pouco, recuperamos uma parte do que foi perdido. E muito mais — temos força nova para caminhar futuramente. Olhe para o céu! Sim, e estenda sua mão.

Cinco minutos para desenvolver sua *fé*

Mantenhamos firme a esperança que professamos, pois aquele que prome-teu é fiel. Importemo-nos uns com os outros para nos incentivarmos ao amor e às boas obras. E não deixemos de nos reunir como igreja, segundo o costume de alguns, mas procuremos encorajar uns aos outros, sobretudo agora que vocês veem aproximar-se o Dia (Hebreus 10:23-25).

Faça uma lista de vínculos que você tem. Liste seus relacionamentos mais importantes e então circule os relacionamentos que fortalecem sua fé. Você tem amigas com quem compartilha as verdades cheias de esperan-ça, assim como as perguntas mais difíceis? Tem alguém em quem confia e que confia em você, mesmo que isso signifique declarar as verdades mais duras de ouvir junto com as mais fáceis? Se sua lista for pequena (ou ine-xistente), gaste alguns minutos explorando o "porquê" do seu isolamento e qualquer ação que você fazer para consertar isso. Então, peça a Deus para levá-la aos indivíduos e comunidades que não apenas vão encorajá--la, mas que vão fortalecer sua fé.

DIA **3**

A SANTIDADE DA COMUNHÃO

Percebi que a cura começa quando tiramos nossa dor do isolamento diabólico e vendo que, seja lá o que for que passemos, sofremos em comunhão com toda a humanidade e, sim, com toda a criação. Agindo desse modo, tornamo-nos participantes da grande batalha contra os poderes das trevas. Nossa vida pequenina se faz presente em algo maior.

— Henri Nouwen, *Turn My Mourning Into Dancing* [Transforme meu luto em dança]

Ela veio até mim no final da nossa conferência para mulheres. Fala mansa, baixa estatura, cabelos grisalhos, provavelmente com sessenta e poucos anos. Nos dois dias anteriores, eu estava palestrando com várias centenas de mulheres reunidas de uma área de vários condados no Centro-Oeste. Depois de dois anos difíceis de reuniões presenciais canceladas, essas mulheres estavam mais do que prontas para ficar cara a cara no mesmo espaço. Elas estavam famintas por conexão, ainda mais do que pelo glorioso balcão de rosquinhas e pela fonte de chocolate no saguão. Dois anos de histórias difíceis transbordavam o copo d'água, precisando do conforto da comunidade. Tentei abrir espaço para suas histórias. Assim como para a fonte de chocolate.

Enquanto eu autografava alguns livros e abraçava novas amigas entre as sessões, essa mulher hesitava em um canto. Foi só no final da última sessão que ela finalmente ousou apresentar-se e compartilhar sua história.

"Obrigada pelo que você compartilhou", ela falou suavemente, olhando ao redor, como se estivesse preocupada que alguém pudesse ouvi-la. Agradeci por suas palavras gentis e então esperei.

"Aprecio sua honestidade, por poder dizer em voz alta como tem sido difícil para você e como se questionou se Deus tinha a abandonado." Ela fez uma pausa. "Claro, eu não passei por nada tão difícil quanto o que você passou." Eu duvidava que isso fosse verdade. Claramente, o que quer que a tenha ferido foi profundo. Este preâmbulo nada mais foi do que sua tentativa de reunir coragem para dizer às claras o que a estava consumindo viva à noite.

"Meu filho morreu. Ele foi atropelado por um carro", ela disse.

Nãããão. Que perda! Meu coração doeu. Ela não tinha terminado.

"Era eu quem estava dirigindo."

O silêncio reinou nos próximos segundos, nós duas carregando o peso daquelas palavras – ela as revivendo e eu honrando o custo delas. Quando ela falou novamente, disse que isso tinha acontecido décadas atrás, mas ela raramente falava sobre isso. Por anos, ela não só estava sofrendo pela perda do filho, ela também estava se culpando por isso.

E então, como o primeiro brilho do amanhecer do céu oriental, ela respirou fundo e continuou.

"Acho que é hora de começar a compartilhar minha história," disse ela, e então exalou. "Você compartilhou sua história, e isso está ajudando tantas pessoas. Talvez eu possa fazer o mesmo."

Eu nunca serei capaz de entender o "porquê" de algumas perdas. Mesmo se eu passasse cada momento do resto da minha vida tentando desvendar as razões e dar sentido ao que não faz sentido, eu sei que os "porquês" permanecerão fora de alcance. Mas eu sei disso: quando você e eu escolhemos entrar nesses espaços sagrados, compartilhando nossas cicatrizes enquanto honramos as de outra, algo sobrenatural acontece.

Algo santo.

Isso se chama comunhão. Uma mesa compartilhada pelas mulheres quebrantadas e feridas.

Uma mesa de morte. Mas também uma mesa de vida.

"Ao se tornar carne e sangue, Deus estendeu a mão da distância do céu e tocou a humanidade. Encurtando a distância da santidade, ele não apenas se tornou alguém que podemos tocar, mas se tornou aquele que alcança para nos tocar. Em um mundo que se afastou da dor, Jesus a atraiu. Ele estendeu a mão, sentindo a dor para que soubéssemos que não estamos sozinhas na nossa."[60]

Quando Jesus saiu do céu e entrou na pele humana como um bebê chorão de carne e osso, sua encarnação tornou a comunhão possível. Deus estava agora ao alcance, perto o suficiente para nos tocar. Mas nossa comunhão com Ele não estaria completa até que aquele que curava se tornasse aquele que sangrava. Foi isso que Jesus tentou ajudar os discípulos a entenderem na mesa da Última Ceia quando Ele partiu o pão e compartilhou o cálice. Ele estava lhes oferecendo a comunhão eterna com o próprio Deus. Mas ao custo de sua própria vida. Vida pela morte e morte pela vida.

Agora, dois mil anos depois, celebramos a comunhão com outro pão e cálice. É um convite para lembrar a comunhão inquebrável que agora temos ao custo da vida de Jesus. Mas não é apenas para lembrar. É também para viver.

A mesa da comunhão é uma mesa compartilhada, Jesus nos mostrou isso. Mas nunca foi para terminar em nós. Assim como fomos as quebrantadas sentadas à mesa de Jesus, podemos oferecer comunhão às quebrantadas que precisam de um assento conosco. Mas você não precisa esperar pelo domingo. A comunhão pode acontecer em sua vizinhança ou escola, em seu escritório ou porta da sala.

Sim, em uma conferência de mulheres.

Quebrantamento compartilhado e cura compartilhada. Comunhão com Jesus e uns com os outros. Não é preciso mesa.

Cinco minutos para desenvolver sua *fé*

> Se alguém afirmar: "Eu amo a Deus", mas odiar o seu irmão, é mentiroso, pois quem não ama o seu irmão, a quem vê, não pode amar a Deus, a quem não vê (1João 4:20).

Uma maneira simples de praticar a criação de espaços de comunhão com amigas e estranhas é aprender a arte de fazer perguntas para gerar um vínculo mais profundo. Aqui estão alguns dos meus construtores de relacionamento favoritos:

- Qual é o seu sonho?
- Conte-me sua história.
- Qual é a parte mais difícil da sua vida agora?
- Qual é a melhor parte da sua vida agora?

Lembre-se, há apenas um Senhor que cura. Seu trabalho não é consertar ou curar, mas simplesmente vincular-se. Preste atenção e ouça. Observe as pessoas bem na sua frente, reconheça a existência delas, diga-lhes que elas são importantes, mostre-lhes que você se importa. Com quem você pode ter comunhão esta semana? Resista à tentação de encontrar uma escolha fácil, como sua melhor amiga ou seu cônjuge. Em vez disso, considere com quem Deus quer que você esteja à mesa. Muitas vezes, Deus fortalece minha fé quando o sigo fora da minha zona de conforto. Afinal, foi isso que Ele fez por mim.

DIA 4

ENTREGANDO-SE

A verdadeira cura de tecido conjuntivo profundo acontece no coletivo. Onde Deus está quando dói? Onde o povo de Deus está.

— Philip Yancey, *What Good is God?* [Para que serve Deus?]

Na semana passada, fiz meu *check-up* oncológico anual, incluindo um exame físico completo e endoscopia. A propósito, para aqueles que estão se perguntando, não recomendo a endoscopia. A menos, é claro, que sua ideia de diversão seja ter alguns metros de um tubo, com uma boa câmera grudada na ponta, goela abaixo sem anestesia.

Quem vai primeiro? Eu passo minha vez.

Não importa quanto tempo passe, não importa quantos exames com bons resultados eu receba, as memórias de muitos anos de más notícias me atingem com força toda vez que entro pelas portas de um hospital. O medo, os pesadelos, a dor, as imagens e as lembranças. O trauma sempre me surpreende um pouco, porque embora eu passe muito tempo ressignificando o assunto, ainda quero acreditar que há um momento em que isso acaba, para nunca mais voltar. Eu sei muito bem.

Na semana passada, aprendi aquela lição difícil novamente. O trauma não vai embora. Ele nos marca, como uma cicatriz que não está mais em carne viva, mas ainda é sensível ao toque.

Mais uma vez, recebi um exame com um bom resultado. Eu não deveria estar aqui, eu sei disso. E me recuso a esquecer a sepultura que quase me levou embora para que eu possa lembrar do dom desta vida a qual me fora dada.

Mas mesmo enquanto comemoro as boas notícias de hoje, outros estão recebendo notícias devastadoras. Ontem meu filho caçula me disse que a esposa do motorista de ônibus morreu nesta semana, após receber um diagnóstico de câncer há apenas alguns meses. Ela se foi em um piscar de olhos. E o homem que era felizmente casado que leva meus filhos todos os dias para a escola agora é viúvo, lutando para descobrir como viver seus anos restantes sem aquela mulher com quem ele compartilhou a vida por tanto tempo.

Ele é apenas um entre muitos. Não tenho dedos das mãos e dos pés suficientes para contar as mensagens que recebi de outros lutadores – pessoas com diagnósticos, divórcios, desilusões. Filhos rebeldes, cônjuges ausentes, fé vacilante. A lista é longa e a dor varia, mas a tristeza é a mesma. Não sei por que eles me escrevem, exceto pelo fato de que minha luta os ajudou a se sentirem menos sozinhos. O que eles não sabem e não poderiam saber, ao escrever para mim e me permitir entrar em uma parte da história deles, é que eles são parte da obra misteriosa de Deus para redimir a minha.

Anos atrás, li Isaías 58 e nunca mais fui a mesma. Na época do profeta Isaías, o povo de Deus estava passando pelas mudanças da religião. Embora ter uma devoção religiosa por meio da prática do jejum, a religião não mudou a maneira como viviam. Com um toque de um interrogatório indignado, Deus expõe a gritante diferença entre o desempenho religioso e uma fé dinâmica.

"Contudo, no dia do seu jejum, vocês fazem o que é do agrado de vocês e exploram todos os seus empregados. O seu jejum termina em discussão e rixa e em brigas de socos brutais. Vocês não podem jejuar como fazem hoje e esperar que a sua voz seja ouvida no alto. Será esse o jejum que escolhi, que apenas um dia o homem se humilhe, incline a cabeça como o junco e se deite sobre pano de saco e cinzas?" (Isaías 58:3-5).

Embora o jejum possa ser uma parte poderosa da fé, o desempenho religioso – frequentar a igreja, ir aos cultos, ler a Bíblia, orar e jejuar – pouco importa se não expressar uma vida que demonstre o amor e a graça de Deus. Para deixar bem claro, Ele diz exatamente o que está procurando:

- "soltar as correntes da injustiça" (v. 6);
- "desatar as cordas do jugo" (v. 6);
- "romper todo jugo" (v. 6);
- "pôr em liberdade os oprimidos" (v. 6);
- "partilhar a sua comida com o faminto" (v. 7);
- "abrigar o pobre desamparado" (v. 7);
- "vestir o nu que você encontrou" (v. 7);
- "e não recusar ajuda ao próximo?" (v. 7).

Eu fui a pessoa descrita em cada uma dessas linhas. Eu fui a acorrentada, a oprimida, a faminta, a mendiga. Eu sei como é se sentir nua e exposta, rejeitada e abandonada. Eu fui a desesperada e necessitada, e provavelmente serei novamente.

Cada vez, Deus entrou na minha história através da fé de outra pessoa, dando-me o que eu precisava quando eu nem sequer merecia. Deus quer que entendamos que a cura não é encontrada no desempenho religioso ou no relatório perfeito das suas atividades eclesiásticas.

A cura vem quando deixamos de ser apenas um recipiente da graça de Deus para ser um doador dela:

> Se com renúncia própria você beneficiar os famintos e satisfizer o anseio dos aflitos, então a sua luz despontará nas trevas e a sua noite será como o meio-dia.
>
> O Senhor o guiará constantemente; satisfará os seus desejos em uma terra ressequida pelo sol e fortalecerá os seus ossos.
>
> Você será como um jardim bem regado, como uma fonte cujas águas nunca faltam.
>
> O seu povo reconstruirá as velhas ruínas e restaurará os alicerces antigos; você será chamado Reparador de Muros Rachados, Restaurador de Ruas e Moradias (Isaías 58:10-12).

Como uma conta bancária que só cresce quanto mais você gasta, quando nos oferecemos aos famintos, Deus multiplica nossa oferta e ambos acabamos satisfeitos. Isso desafia a lógica e toda explicação, e ainda assim eu vi o Senhor fazer isso por mim repetidamente.

Esse é o presente de nos doarmos. Ao buscar a justiça e a totalidade do nosso próximo, encontramos nossa medida. Isso não apaga o passado, nem elimina a dor. Mas Deus constrói algo novo a partir das ruínas. E uma fé que era vacilante de repente se torna uma fé dinâmica.

Cinco minutos para desenvolver sua fé

> Levem os fardos uns dos outros e, assim, cumpram a lei de Cristo (Gálatas 6:2).

Leia Isaías 58. Então, escolha duas canetas ou marcadores de texto de cores diferentes.

Primeiro, destaque qualquer item nesses versículos que exija que você tome uma atitude. Por exemplo: "Satisfaça o anseio dos aflitos." Então com a segunda caneta ou marcador, marque o que Deus diz que fará por você. Como: "O Senhor o guiará constantemente". Peça a Deus para lhe mostrar pelo menos uma atitude que Ele deseja que você tome com base no que você leu. Escreva.

Então comprometa-se a seguir adiante e agradeça ao Senhor antecipadamente pelo que Ele promete fazer por você.

DIA 5

DESCONHECIDAS E AMIGAS

Não somos máquinas que podem ser consertadas por meio de uma série de etapas. Somos seres relacionais que são transformados pelo mistério do relacionamento.

— Dan B. Allender, *The Cry of the Soul* [O grito da alma]

Depois de vários dias no centro do Tennessee com meu trabalho como executiva em uma empresa de *coaching*, eu estava pronta para voltar para casa. Foi uma boa semana produtiva, mas eu mal podia esperar para dormir na minha própria cama.

Mas, como sempre acontece, minha viagem não saiu como planejado.

Quando cheguei ao aeroporto e fui para meu portão, descobri que meu voo havia atrasado. Uma hora depois, eles atrasaram meu voo pela segunda vez. Mais quarenta e cinco minutos depois, embarquei e respirei aliviada. Finalmente, rumo ao lar.

Infelizmente, não ia acontecer. Por mais uma hora, ficamos presos na pista enquanto a equipe verificava duas vezes um problema no equipamento. Um atraso justificável, e eu estava grata. Ainda assim, minha cama me chamava. Quando finalmente decolamos, acomodei-me no assento da janela, aliviada por estar do outro lado de um voo curto de duas horas.

Mas (você sabia que isso aconteceria) enquanto estávamos mais perto do destino, o piloto informou que precisávamos dar a volta no Aeroporto Internacional de Denver por causa de um congestionamento aéreo. Mais trinta ou quarenta e cinco minutos de voo, e depois nosso pouso. Finalmente.

Exceto que o dia ainda aguardava um final com chave de ouro. Quando pousamos e liguei meu celular, ele acendeu com uma mensagem do meu *Uber*, aquele que me pegaria e levaria para casa por uma hora. Minha chamada tinha acabado de ser cancelada. Nenhuma explicação, nenhum motivo. Apenas cancelada.

Enquanto esperava para desembarcar, pensei em ter um chilique. Eram 20 horas de uma sexta-feira à noite. Tinha passado a semana trabalhando todos os dias o dia inteiro. Eu estava cansada, irritada e só queria estar em casa.

Mas eu também sabia que encontrar uma carona seria difícil. Os viajantes e empresários lotavam o aeroporto. Levaria pelo menos mais duas horas para chegar à minha casa. Se eu tivesse sorte.

Enquanto caminhava pelo aeroporto, abri cada um dos meus aplicativos de empresas de transporte e comecei a procurar um carro. A primeira tentativa rendeu resultados terríveis. Seriam uma hora de espera e uma pequena fortuna. Fechei os aplicativos, atualizei e tentei novamente, me preparando-me para ter resultados ainda piores. Porém, vi esta mensagem: "Seu motorista está a cinco minutos de distância".

O quê?! Não fazia sentido. Mas eu não me importava. Cliquei na carona e fui até a beira da calçada. Dois minutos depois, sentei-me no conforto do meu *Uber*. O que aconteceu em seguida surpreendeu-me ainda mais.

Durante a hora seguinte, enquanto meu motorista se dirigia para minha casa, compartilhamos nossas histórias, primeiro a dele, depois a minha. Falamos sobre os vários desafios que enfrentamos, pelo que éramos gratos, quais sonhos havíamos abandonado, outros aos quais ainda estávamos presos.

Em um momento, depois que mencionei o quanto minha fé é importante para mim, ele perguntou: "Você se importa se eu perguntar que tipo de fé você tem?".

Eu não me importei. Nos minutos seguintes, disse a ele que amo Jesus. De todo o meu coração. Eu acredito que Deus é real e Ele enviou seu Filho, Jesus, para dar sua vida pela minha, algo que eu definitivamente não merecia e não poderia ganhar. E em uma história cheia de muito sofrimento, é a única coisa que me deu paz e esperança. Apesar de tudo, sei que Deus me ama. Não posso explicar, mas também não posso negar.

Encorajado pela minha franqueza, ele então compartilhou a dele. Quando chegamos em casa, descobri que ele foi criado em uma seita, casou-se com uma mulher cristã, como resultado deixou a seita de sua juventude e estava lentamente tentando descobrir o que é a fé real, e qual é a verdade. Sua jornada para conhecer Jesus ainda era nova, e tinha sido uma longa estrada para ele, incluindo uma dolorosa rejeição por membros da família que não entendiam sua nova fé em Jesus.

Mas, então, em uma noite comum de sexta-feira, ele tomou uma decisão de última hora de trabalhar algumas horas. E essa decisão o levou a pegar uma mulher no Aeroporto Internacional de Denver. Uma mulher cujo voo atrasou duas vezes e que ficou presa no aeroporto. Uma mulher que nunca deveria estar em seu carro. E uma mulher que lhe contou sobre sua fé em Jesus.

É fácil para mim supor, no vasto mar que é a humanidade, que Deus não poderia ver alguém como eu. Eu sou uma entre bilhões. Insignificante, inconsequente, facilmente engolida pelo caos que é o nosso mundo. Como Deus poderia se importar com os detalhes da vida de um indivíduo, como o dia difícil de uma mulher ou a nova jornada de fé de um jovem?

Mas naquela noite, enquanto milhares seguiam a vida na área metropolitana de Denver, Deus uniu dois desconhecidos que precisavam ouvir as histórias um do outro. Não foi coincidência. Havia muitas peças e partes que precisavam se juntar para este único encontro de uma hora de duração.

Creio que Deus adentrou naquele problema todo porque Ele sabe para o que somos feitos — para nos relacionarmos. A comunidade é o nosso ar, tão essencial quanto comida e água. No relacionamento uns com os outros, sejam desconhecidos ou amigos, descobrimos algo de Deus. Ele se torna pessoal, gentil e capaz de transformar tanto a inconveniência quanto a tragédia, transformando-as em uma mesa de comunhão compartilhada.

Cinco minutos para desenvolver sua *fé*

> Sabemos que passamos da morte para a vida, porque amamos os irmãos. Quem não ama permanece na morte (1João 3:14).

O pastor Dietrich Bonhoeffer, que foi martirizado pela Gestapo [a polícia secreta do regime nazista] durante a Segunda Guerra Mundial, passou a vida defendendo a comunidade como uma extensão de Cristo. "Devemos estar prontos para nos permitir ser interrompidos por Deus", escreveu ele. "Não devemos supor que a agenda é nossa para administrarmos, mas permitir que ela seja organizada por Deus." Ele viveu essa afirmação até a morte.[61] À medida que você e eu passamos cada dia com nossos olhos em nossas agendas, é fácil perder as pessoas em nossos caminhos. Presas em nossas inconveniências, deixamos de ver uma possível orquestração divina. O coração de Deus está cheio de terna afeição por cada um de seus filhos: "Não se vendem dois pardais por um asse? Contudo, nenhum deles cai no chão sem o consentimento do Pai de vocês. Até os cabelos da cabeça de vocês estão todos contados. Portanto, não tenham medo; vocês valem mais do que muitos pardais!" (Mateus 10:29-31).

Deus conhece cada um de nós intimamente, incluindo os desconhecidos com quem trombamos nas ruas. Não se mova tão rápido a ponto de perder a oportunidade de praticar o vínculo. Hoje, faça esta oração comigo:

> *Pai, qual é a largura, o comprimento, a altura*
> *e a profundidade do teu amor para conosco!*
> *Abra meus olhos, ouvidos e coração para ver as*
> *pessoas que tu colocaste em meu caminho hoje.*
> *E mova o Espírito dentro de mim para alcançar,*
> *vincular-se e ter comunhão com quem quer que*
> *tu me ordenes, em nome de Jesus.*

PARTE **10**

A PRÁTICA
DA ESPERA

Poucas coisas desafiam nossa fé na presença e provisão de Deus como um longo período de espera. Geralmente conseguimos reunir nossa força espiritual por um dia ou uma semana. Mas quando uma semana se transforma em um mês, depois em um ano (ou mais), nossa confiança na libertação de Deus diminui. Nesse ponto, ou tomamos a frente das coisas em uma tentativa de ajudar a Deus, ou desistimos completamente de nossa fé. Mas se ousarmos confiar nele, confiar em seu caráter, sua sabedoria e seu tempo, os períodos de espera podem provar ser as mais frutíferas de todos. Não apenas testemunharemos Deus fazer o que somente Ele pode fazer, mas nossa fé será mais fortalecida no fim.

DIA **1**

ATERRADA

"Espere no Senhor" é um refrão constante nos Salmos, e é uma palavra necessária, pois Deus geralmente nos faz esperar. Ele não tem tanta pressa quanto nós, e não é de seu feitio esclarecer o futuro do que precisamos para agir agora no presente, ou nos guiar mais de um passo de cada vez. Quando estiver em dúvida, não faça nada, mas continue esperando em Deus. Quando a ação for necessária, o esclarecimento virá.

— J. I. Packer, *Knowing God* [Conhecendo Deus]

"Aqui está o que eu quero que você faça", disse ela, com uma voz determinada.

Eu me preparei para o que ouviria.

"Nas próximas semanas, quero que fique cem por cento focada no aterramento."

Aterramento? O que isso significa?

Trinta minutos antes, eu estava sentada no sofá em frente à minha conselheira de longa data, descarregando os detalhes de outro período difícil. Nosso tempo juntas pareceu como se fosse um caso de gripe, enquanto eu desabafava toda a confusão e turbulência de relacionamento que pareciam me perseguir. Esperei ela me dar alguma tarefa, algo tangível que daria resultados imediatos. Como dois comprimidos de Tylenol de aconselhamento, tomados com um copo cheio de água. "Aterramento" soou um pouco fofo demais para o meu gosto.

Mesmo assim, eu confiei nela. Então peguei meu diário e uma caneta – sempre ao meu alcance – e me preparei para fazer várias anotações.

"Aterramento?", perguntei. "Pode me explicar o que é isso?" Ela concordou.

"Quero que você trabalhe o aterramento. Não importa o que esteja acontecendo ao seu redor, quero que você se ancore, cave fundo e tenha uma sensação interna de segurança em quem você é, independentemente do que qualquer outra pessoa diga, pense ou faça."

Já se passaram anos desde aquela conversa, e a tarefa continua. Com o tempo e a prática, estou mais aterrada do que nunca. Mas agora reconheço que esta é uma tarefa para a vida toda, para todos nós.

Na construção, o aterramento elétrico é necessário para a segurança. É assim que funciona.

Primeiro, o solo em que pisamos tem propriedades elétricas negativas. Isso significa que o solo é capaz de neutralizar uma carga elétrica positiva. Então, ao construir uma casa e adicionar um sistema elétrico, um construtor irá "aterrar" o sistema elétrico para que qualquer excesso de energia elétrica seja descarregado através do solo abaixo da casa. Isso é importante porque relâmpagos, fatores ambientais, fiação danificada ou exposta, ou mesmo interrupções temporárias no serviço elétrico podem causar picos de energia. Sem o aterramento, o excesso de eletricidade pode ferir pessoas, danificar os pertences ou até mesmo provocar um incêndio.

Para uma casa ser um lar seguro, seu sistema elétrico precisa ser ligado a algo externo: o solo.

E para que a fé resista à onda de circunstâncias e tempestades, ela precisa ser ancorada a algo maior do que ela mesma. É disso que os Salmos falam quando se referem a Deus como um refúgio e fortaleza.

- "O Senhor é a minha rocha, a minha fortaleza e o meu libertador; o meu Deus é o meu rochedo, em quem me refugio" (Salmos 18:2).
- "Em ti, Senhor, me refugio; nunca permitas que eu seja humilhado; livra-me pela tua justiça. Inclina os teus ouvidos para mim,

vem livrar-me depressa! Sê tu a minha rocha de refúgio, uma fortaleza poderosa para me salvar" (Salmos 31:1-2).

- "Parem de lutar e saibam que eu sou Deus! Serei exaltado entre as nações, serei exaltado na terra. O Senhor dos Exércitos está conosco; o Deus de Jacó é a nossa torre segura" (Salmos 46:10-11).

Não é nada fácil quando o mundo está desmoronando ao seu redor. Ficar com os pés descalços na terra é, como se vê, muito trabalho. Basta perguntar aos israelitas. Depois que os israelitas foram escravizados no Egito por quatrocentos anos, o faraó finalmente cedeu e os libertou. Que boa notícia! Que durou somente um ou dois dias. E então o faraó mudou de ideia. Quando chegamos em Êxodo capítulo 14, os israelitas estão em apuros. Na frente deles está o Mar Vermelho, um volume de água impossível de atravessar. Atrás deles, um faraó e seu exército igualmente furiosos estão se aproximando, determinados a recapturar seus escravos.

Um Mar Vermelho agitado de um lado, um exército furioso do outro. Então o que os israelitas fizeram? Eles entraram em pânico, é claro.

"Ao aproximar-se o faraó, os israelitas olharam e avistaram os egípcios que avançavam na direção deles. Aterrorizados, clamaram ao Senhor. Disseram a Moisés: Foi por falta de túmulos no Egito que você nos trouxe para morrermos no deserto? O que você fez conosco, tirando-nos de lá?" (Êxodo 14:10-11).

Olá, dramáticos. Prazer em conhecê-los.

"Moisés respondeu ao povo: Não tenham medo. Fiquem firmes e vejam o livramento que o Senhor trará hoje, porque nunca mais vocês verão os egípcios que hoje veem. O Senhor lutará por vocês; fiquem calmos" (v. 13-14).

"Fiquem firmes" no versículo 13 é a palavra *yasab*, que significa "manter-se firme, confrontar; ficar diante, apresentar-se, comprometer-se".[62] Trata-se menos da falta de mover-se fisicamente e mais sobre segurança interna, uma confiança na libertação garantida. É por isso que, no versículo seguinte, Deus diz aos israelitas para seguirem adiante.

"O Senhor, então, disse a Moisés: Por que você está clamando a mim? Diga aos israelitas que sigam avante" (v. 15).

Fiquem calmos! Sigam avante!

Um paradoxo e tanto. Qual dos dois escolher? Ambos.

Fiquem calmos, ordenou Deus. Ele queria que o povo se acalmasse, parasse de permitir que o pânico trouxesse ansiedade que nunca deveria aguentar. Sim, os egípcios estavam chegando. E sim, o Mar Vermelho estava agitado. Mas e a informação mais importante? "O Senhor lutará por vocês."

Sigam avante, instruiu o Senhor. Deus tinha uma Terra Prometida esperando por eles, mas ela estava do outro lado dessa crise. Eles primeiro precisavam de uma confiança inabalável no senhorio divino. Então, fundamentados nessa confiança, eles precisavam seguir adiante em direção à sua promessa.

Relaxem! Fiquem calmos! Agora sigam avante.

Isso que é uma pregação.

Uma observação final. A palavra "libertação" é a tradução de *yesuah*, "salvar". É a palavra da qual deriva o nome Jesus.

Vá em frente e deixe isso ser absorvido por você. Porque embora possamos não enfrentar exércitos egípcios ou travessias do Mar Vermelho, enfrentamos nossa cota de batalhas impossíveis.

Mesmo assim, nosso Libertador está chegando.

Cinco minutos para desenvolver sua *fé*

Sempre tenho o Senhor diante de mim. Com ele à minha direita, não serei abalado (Salmos 16:8).

Onde você precisa se aterrar? Onde seu coração, mente e alma se sentem frenéticos e divididos? Como você fará o trabalho de se aterrar, mesmo enquanto espera? Talvez você possa começar lendo o Salmo 16. Então escreva o versículo 8 em um cartão e carregue-o com você por uma semana inteira. Sim, uma semana. Memorize-o. Toda vez que o medo, o pânico, a ansiedade e a tristeza ameaçarem dominá-la, lembre-se dos israelitas presos entre o Mar Vermelho e um exército furioso e fique calma. Diga as palavras em voz alta até lembrar o nome da sua libertação.

DIA **2**

COM OS OLHOS NO PRÊMIO

Esperar não é sonhar. Não é tecer uma ilusão ou
fantasia para nos proteger do nosso tédio ou da dor.
Significa uma expectativa confiante e alerta de
que Deus fará o que disse que faria. É a imaginação
colocada no arreio da fé.

— Eugene H. Peterson

Era o plano dele desde a escola primária. Como prova, tenho uma anotação na minha Bíblia com um avião desenhado a lápis em caligrafia de criança. Ele desenhou para mim depois de uma excursão ao Museu de Ciência e Natureza de Denver, onde se maravilhou com aeromodelos. Ele queria entrar na Academia da Força Aérea dos Estados Unidos. E queria voar.

Nos últimos vinte e cinco anos, moramos a quarenta e cinco minutos da academia. Sabíamos dos requisitos rigorosos, do número escasso de candidatos que realmente entram, da coragem necessária apenas para passar pelo processo, sem falar nos estudos de quatro anos. Como mãe, parte de mim queria redirecionar suas ambições para algo menos provável de ser decepcionado.

Mas esse era o sonho dele. Então, decidimos apoiá-lo.

Isso envolvia responsabilidade implacável em seus estudos. Lembretes regulares de sua meta. Apoio — financeiro e outros — para a sua experiência em equipe de *cross-country* do Ensino Médio, para as atividades voluntárias, os clubes acadêmicos e a Patrulha Aérea Civil. Foram longas horas vasculhando o site da academia, ajudando-o a navegar em formulários, testes, redações, históricos de saúde e exames, requisitos que levavam meses para serem concluídos. Repetimos o mesmo lema várias vezes para mantê-lo no caminho certo: "Olhos no prêmio, filho. Mantenha os olhos no prêmio".

Então, no último ano de seu processo de inscrição, meu pai, um veterano do Exército dos EUA, morreu de câncer terminal. E oito semanas depois disso, descobri que o câncer estava de volta pela terceira vez. Tentei manter o otimismo, lembrar meu filho de sua meta, não querendo que as circunstâncias difíceis atrapalhassem seu sonho.

Enquanto esperávamos por sua aceitação na academia, os meses passaram lentamente. Eu estava passando por cirurgias, quimioterapia e radioterapia. Estávamos todos de luto pelo meu pai. E nosso filho estava tentando terminar seu último ano do Ensino Médio enquanto verificava diariamente a caixa de correio em busca do papel timbrado da Academia da Força Aérea. Foi um momento tenso, um garoto agarrado ao seu sonho e sua mãe com medo de morrer.

Então, em uma tarde de abril, meu telefone tocou. Meu filho. "Eu não consegui, mãe. Eu não consegui!"

Devastação. Essa é a única palavra que chega perto de descrever a agonia que senti quando ouvi meu filho chorando no meu ouvido. Eu não sabia o que dizer.

Ele se dedicou tanto, queria tanto. Eu também.

Eu nunca vou esquecer aquele dia, nossa dor e nossas tentativas de dar sentido a ela. Nosso filho estava a poucas semanas da formatura sem nenhuma ideia do que faria em seguida. Não tínhamos um plano B. Era tarde demais para inscrições para bolsas de estudo e visitas ao campus da faculdade. Todos os seus amigos sabiam exatamente o que iriam fazer. Ele não sabia.

Eu não dormi muito naquela noite. Minha mente ficou agitada com todas as maneiras horríveis que essa rejeição poderia arruiná-lo. Tentei orar, mas não sabia o que dizer.

Na manhã seguinte, com os olhos turvos, acordei e fui para a cozinha. Logo depois, meu marido juntou-se a mim, ombros caídos com o mesmo peso.

MULHERES INABALÁVEIS   **238**

Novamente esperamos por nosso filho, sabendo que a forma como ele encararia esse dia daria uma pista de como o resto de sua vida iria se desenrolar. Os líderes são forjados em seus fracassos muito mais do que em seus êxitos. O que ele faria? Ele deixaria a derrota defini-lo? Ou que ela o desenvolvesse?

Quando ele entrou na cozinha, eu me preparei.

"Tudo bem. Então, eu estava no computador; já enviei e-mails para algumas pessoas. Não irei para a academia este ano. Não há nada que eu possa fazer a respeito. Mas isso não significa que não poderei tentar novamente." E ele expôs algumas ideias de como poderia trilhar um caminho diferente para seu sonho.

Olhos no prêmio, filho. Mantenha os olhos no prêmio.

Já se passaram sete anos desde aquele dia na cozinha. Naqueles anos, nosso filho se formou no Ensino Médio, alistou-se na Força Aérea dos EUA, serviu por dois anos, incluindo uma estação no exterior e um destacamento, e recebeu vários prêmios em seu posto. No meio de tudo isso, ele fez o que disse que faria: ele se candidatou novamente à Academia da Força Aérea dos Estados Unidos, um homem diferente daquele que havia se candidatado três anos atrás. E, dessa vez, ele conseguiu.

Em maio de 2022, nosso filho graduou-se na Academia da Força Aérea dos Estados Unidos, um segundo tenente. Sim, ele vai ser piloto. Não foi fácil e nem indolor. Mas ele manteve o foco no prêmio, e dessa vez o sonho tornou-se realidade.

Embora esta seja uma história agradável com um final feliz, todos nós temos histórias em que a dedicação não valeu a pena e o sonho não se tornou realidade. Não temos garantia de obtermos bons resultados, não importa o quanto nos esforcemos para alcançá-los. Esta é a única exceção:

> "Contudo, o que para mim era lucro passei a considerar como perda, por causa de Cristo. Mais do que isso, considero tudo como perda, comparado com a suprema grandeza do conhecimento de Jesus Cristo, o meu Senhor, por quem perdi todas as coisas. Eu as considero como esterco

para poder ganhar Cristo e ser encontrado nele... mas uma coisa eu faço: esquecendo-me das coisas que ficaram para trás e avançando para as que estão adiante, prossigo para o alvo, a fim de ganhar o prêmio do chamado celestial de Deus em Cristo Jesus" (Filipenses 3:7-9, 13-14).

Jesus é o único prêmio que não vai nos decepcionar. Ele é nossa esperança, o objeto infalível da nossa fé. E quando mantemos nossos olhos nele, não importa os contratempos, nosso final feliz está logo ali. Enquanto isso, lamentamos nossas perdas e decepções. Mas, mesmo enquanto choramos, não devemos esquecer: há um prêmio maior, um objetivo maior, um sonho que nunca morrerá, mesmo quando morrermos.

Céu.

Olhos no prêmio, amiga. Olhos no prêmio. A espera vai valer mais do que a pena.

Cinco minutos para desenvolver sua *fé*

> A nossa cidadania, porém, está nos céus, de onde esperamos ansiosamente o Salvador, o Senhor Jesus Cristo (Filipenses 3:20).

Em sua carta à igreja de Filipos, Paulo nos encoraja a ver nossas realizações à luz do maior prêmio de todos: conhecer Jesus. Ele chega ao ponto de chamar todos os seus muitos sucessos mundanos de nada além de "esterco" em comparação com o que o espera no céu (v. 8). O trabalho árduo e realizações honestas não são ruins. Mas devemos colocar nossa confiança no fato de que, por meio de Jesus, somos amados e pertencemos a Deus. Melhor ainda, um dia finalmente estaremos com Ele para sempre, e nossas lutas e decepções desaparecerão à luz do amor infinito e infalível de Deus por nós. Leia Filipenses 3:7-21. Em seu diário ou na margem da página, escreva as palavras "Meu lar é o céu". Em seguida, faça uma lista de todas as coisas que você mais espera quando esse dia chegar. Vou começar:

- Não teremos mais medo.
- Ser totalmente vista e amada.
- Risos.
- Ver Deus face a face.
- A garantia total de sua presença.

DIA 3

EXPECTATIVA CONFIANTE

Pois o que precisamos saber, é claro, não é apenas que Deus existe, não apenas que além do brilho metálico das estrelas há uma inteligência cósmica de algum tipo que mantém todo o espetáculo acontecendo, mas que há um Deus bem aqui no meio de nossas vidas cotidianas. Esse é o milagre que realmente buscamos.

— Frederick Buechner

Em 9 de setembro de 1965, o Almirante James B. Stockdale da Marinha dos Estados Unidos ejetou-se de seu A-4 Skyhawk sobre o Vietnã após ser atingido por fogo antiaéreo, ferindo-se gravemente no processo. Após a captura, ele foi levado para a prisão de Hoa Lo e para o campo de prisioneiros de guerra, o infame "Hanoi Hilton", onde permaneceu por sete anos até sua libertação em 1973. Durante esse tempo, o Almirante Stockdale enfrentou a desnutrição, a ausência de assistência médica, o confinamento solitário e várias rodadas de tortura.[63] Quando lhe perguntaram sobre como ele conseguiu sobreviver a um tratamento tão brutal por tantos anos, Stockdale deu uma resposta simples: "Eu nunca perdi a fé de que chegaria um fim daquilo tudo. Eu nunca duvidei não apenas que eu sairia dali, mas também que eu venceria no final e transformaria a experiência no evento que definiria minha vida e que, olhando para trás, eu não trocaria por nada".[64]

Quando perguntaram sobre aqueles que não conseguiram sair, ele disse: "Os otimistas", respondeu o Almirante Stockdale. "Ah, eles foram os que disseram: 'Vamos sair até o Natal'. E o Natal chegou, e o Natal passou. Então disseram: 'Vamos sair até a Páscoa'. E a Páscoa chegou, e a Páscoa passou. E então o Dia de Ação de Graças, e então chegaria o Natal novamente. E eles morreram de coração partido. Essa é uma lição muito importante. Você nunca deve confundir a fé de que você vencerá no final – que você nunca pode se dar ao luxo de perder – com a disciplina para confrontar os fatos mais brutais da sua realidade atual, sejam eles quais forem". Essa última frase é o que Jim Collins, em seu livro *Good to Great* [Empresas feitas para vencer], chama de Paradoxo de Stockdale: a capacidade de manter a confiança no resultado enquanto enfrenta a dura verdade da realidade de hoje. Essa não é apenas uma prática comercial importante, mas também uma prática de fé necessária.

A fé, de acordo com Hebreus 11:1, é "a confiança daquilo que esperamos e a certeza das coisas que não vemos". É acreditar que Deus aparecerá e viver como se já fosse verdade, mesmo enquanto esperamos. E é a confiança de que Deus, um dia, corrigirá todos os erros e restaurará tudo o que foi perdido, então não preciso perder tempo tentando fazer isso sozinho.

Ao mesmo tempo, a fé não é uma negação cega da realidade. Ela não ignora os fatos ou finge que as coisas são melhores do que são. A fé mantém a realidade atual e a esperança futura unidas, sabendo que ambas são verdadeiras.

No livro de Lamentações, o profeta Jeremias gasta sua tinta escrevendo sobre a realidade brutal. Por anos, ele profetizou sobre a destruição de Jerusalém. E aconteceu exatamente como ele previu. Os babilônios invadiram, queimaram o templo de Deus, destruíram a cidade e escravizaram o povo de Deus. Tudo o que restou foi destruição e perda.

- "Como se senta solitária a grande cidade, antes tão cheia de gente! Como se parece com uma viúva a que antes era grandiosa entre as nações!" (Lamentações 1:1).
- "É por isso que eu choro; as lágrimas inundam os meus olhos. Ninguém está por perto para consolar-me, não há ninguém que

restaure o meu ânimo. Os meus filhos estão desamparados porque o inimigo prevaleceu" (1:16).

- "Chamei os meus amantes, mas eles me traíram. Os meus sacerdotes e os meus líderes pereceram na cidade, quando procuravam comida para poderem sobreviver" (1:19).

- "Os meus olhos estão cansados de chorar, a minha alma está atormentada, o meu coração se derrama, porque o meu povo está destruído, porque crianças e bebês desmaiam pelas ruas da cidade" (2:11).

- "Quebrou os meus dentes com pedras e pisoteou-me na cinza. Tirou-me a paz, e esqueci-me do que é prosperidade. Por isso, digo: "O meu esplendor já desapareceu, bem como tudo o que eu esperava do Senhor" (3:16-18).

Jeremias não mede palavras quando fala sobre a devastação. Ele não distribui adesivos sorridentes ou vende camisetas com os dizeres "Está tudo bem!". Ele diz a verdade com uma clareza horrível.

E ainda assim Jeremias também mistura sua tristeza com o objeto de sua maior esperança: "Lembro-me da minha aflição e do meu delírio, da minha amargura e do meu pesar. Lembro-me bem disso tudo, e a minha alma desfalece dentro de mim. Todavia, lembro-me também do que me pode dar esperança: Graças ao grande amor do Senhor, é que não somos consumidos, pois as suas misericórdias são inesgotáveis. Renovam-se cada manhã; grande é a sua fidelidade! Digo a mim mesmo: 'A minha porção é o Senhor; portanto, nele porei a minha esperança'" (3:19-24).

Enquanto Jeremias estava afundando em sua tristeza, ele tomou duas atitudes definitivas que impactaram a força de sua fé:

- Primeiro, ele mudou seu pensamento: "Todavia, lembro-me também" (3:21).
- Segundo, ele mudou sua fala: "Digo a mim mesmo" (3:24).

Como pensamos e falamos durante nossos períodos de espera influencia a força da nossa fé no meio delas. Embora as perdas de

Jeremias sejam legítimas, também são suas razões para ter esperança. Se ele catalogasse seu sofrimento, mas deixasse de catalogar a bondade de Deus, ele logo afundaria sob o peso de sua tristeza.

Em vez disso, ele faz um balanço de como ele pensa e fala. E ele se lembra de uma verdade que é ainda mais poderosa do que seu sofrimento: mesmo que ele perca tudo, Deus é fiel. Ponto final.

Habacuque diz algo semelhante em sua fase de sofrimento:

> Ouvi isso, e o meu íntimo estremeceu; os meus lábios tremeram; os meus ossos apodreceram; as minhas pernas vacilaram.
>
> Tranquilo esperarei o dia da desgraça, que virá sobre o povo que nos ataca.
>
> Mesmo que a figueira não floresça nem haja fruto na videira; mesmo que a safra de azeitonas decepcione e os campos não produzam alimento; mesmo que não haja ovelhas no curral nem bois nos estábulos, ainda assim eu exultarei no Senhor ainda assim eu exultarei no Senhor.
>
> O Senhor, o Soberano, é a minha força; ele faz os meus pés como os do cervo e faz-me andar nos meus lugares altos (Habacuque 13:16-19).

Esperança em uma pessoa – um Deus cuja fidelidade nunca acaba e nunca falha – esse tipo de esperança é certa. Ele é mais obstinado do que qualquer dificuldade e mais determinado do que a morte.

Essa é uma expectativa confiante diante da realidade brutal. A vida é dura, mas o Deus da esperança vence.

Cinco minutos para desenvolver sua *fé*

> Portanto, irmãos, sejam pacientes até a vinda do Senhor. Vejam como o agricultor aguarda que a terra produza a preciosa colheita e como espera com paciência até virem as chuvas do outono e da primavera. Sejam também pacientes e fortaleçam o coração de vocês, pois a vinda do Senhor está próxima (Tiago 5:7-8).

Viver com uma expectativa confiante significa pensar e falar como se o que esperamos já fosse realidade. Dito isso, é importante que nossa esperança esteja no lugar certo – no próprio Deus, em vez de estar em um resultado específico. Reserve um momento para refletir como você pensa e fala sobre sua realidade. Embora suas circunstâncias possam ou não mudar, do que você pode ter certeza? E como você pode pensar e falar de forma diferente como resultado de sua confiança na presença e no propósito de Deus? Depois de passar alguns momentos respondendo essas perguntas, encerre com a seguinte oração:

> *Pai, tu conheces o desejo do meu coração nesta situação. Por favor, liberta-me. Ou seja, minha esperança está em ti mais do que no resultado. Estou confiante de que, não importa o que aconteça, tu és por mim e está comigo. Tu és meu maior desejo. Eu espero em ti.*

DIA **4**

PRONTA PARA O RETORNO

Nem sempre temos certeza de onde está o horizonte. Não saberíamos "qual é o fim" se não fosse pelo caminho cintilante de luz refletido sobre o mar. Aquele que lançou os fundamentos da terra e estabeleceu suas dimensões sabe onde as linhas são traçadas. Ele dá toda a luz de que precisamos para confiarmos e obedecermos.

— Elisabeth Elliot, *Through Gates of Splendor*
[Através dos portais do esplendor]

Em 2020, bem no meio do confinamento global devido à pandemia do coronavírus, minha boa amiga Kathi Lipp publicou um livro chamado *Ready for Anything: Preparing Your Heart and Home for Any Crisis Big or Small* [Preparada para qualquer coisa: prepare o seu coração e seu lar para qualquer crise, grande ou pequena]. Ainda me lembro de quando ela teve a ideia para esse livro. Depois de viver uma vida inteira na área da baía de São Francisco, ela e o marido decidiram comprar uma casa pitoresca na região vinícola menos conhecida da Floresta Nacional Eldorado, na Califórnia. Como uma nova proprietária, ela enfrentou coisas que não enfrentava na cidade: o perigo de incêndio, as tempestades de neve que fechavam suas estradas, as quedas de energia e a dificuldade constante de encontrar empreiteiros dispostos e capazes de dirigir até seu esconderijo para fazer reparos. Ela percebeu que precisava ter seu próprio plano em caso de uma catástrofe, seja grande ou pequena.

Então, durante grande parte de 2019, ela escreveu *Ready for Anything* como um guia prático de preparação para "qualquer um que esteja em algum lugar entre 'vou confiar em Deus' e estocar um suprimento de dez anos de feijão enlatado na despensa". Mal sabia ela que suas palavras seriam proféticas.

Não apenas os Estados Unidos entraram em confinamento quando esse livro foi lançado; nos meses que se seguiram, ela e seu marido enfrentaram várias tempestades de neve, os danos causados pela água, as quedas de energia prolongadas e o incêndio Caldor, que queimou quase 1.200 quilômetros quadrados e chegou a ficar a menos de 800 metros de sua linda nova propriedade. Tudo isso somado a uma pandemia global.

Foi uma coisa boa que ela estivesse pronta para qualquer coisa, pois precisava estar, várias vezes.

Como descobrimos nos últimos anos, não estávamos prontos para nada. Em março de 2020, uma amiga contou-me a história de estar com os últimos pacotes do seu último rolo de papel higiênico. Depois de ir a várias lojas apenas para encontrar prateleiras vazias, ela finalmente começou a roubar um rolo do banheiro de seu escritório.

Outra amiga contou-me sobre pedir vinte e dois quilos de arroz "só por precaução". Outra fez o mesmo com o leite em pó. Você nunca sabe quando pode precisar de vinte e dois quilos de arroz ou leite em pó, com exceção do *nunca*. Enquanto escrevo, os Estados Unidos estão enfrentando escassez de fórmulas infantis e absorventes, entre outras coisas.

"Esteja preparado", alertam os escoteiros. Boa ideia. Hoje de manhã, revisei um documento de uma agência de prevenção de incêndios dizendo como preparar minha casa no caso de um dos incêndios florestais do Colorado. Corte os galhos mortos, retire as substâncias inflamáveis do *deck*, e evite acender fogueiras durante uma ventania. Conselho sensato.

Mas como você e eu vivemos espiritualmente preparadas sem deixar nossa prontidão se transformar em ansiedade, em obsessão ou em vinte e dois quilos em latas de leite em pó?

Jesus não evitou falar sobre sua morte ou sobre o fim do mundo. Ele constantemente alertou aqueles que o seguiam para se prepararem. (Leia Mateus 16:21; 17:22; 20:17-19; Lucas 12:35-37; 21:5-36; João 7:33-34; 12:7-8.)

Ao ouvir seus alertas, os discípulos tinham dúvidas: "Tendo Jesus sentado no monte das Oliveiras, os discípulos dirigiram-se a ele em particular e disseram: Diz-nos quando acontecerão essas coisas? Qual será o sinal da tua vinda e do fim desta era?" (Mateus 24:3).

Você consegue sentir um pouquinho de medo? Imagino que toda aquela conversa sobre desgraça os tenha deixado desconcertados.

No restante do capítulo de Mateus 24 e em todo o capítulo de Mateus 25, Jesus falou sobre as coisas que viriam acontecer futuramente. A destruição do templo. Os sinais do fim dos tempos. O fato de que ninguém sabe o dia ou a hora, exceto o próprio Deus. Tento imaginar o terror que isso deve ter causado. É por isso que, creio eu, Jesus então compartilhou duas parábolas, para ajudá-los a se concentrar na preparação em vez de entrar em pânico.

A primeira é a parábola das dez virgens (Mateus 25:1-13), e a segunda é a parábola dos talentos (Mateus 25:14-30). Na primeira, as dez virgens com as lâmpadas de óleo aguardam a chegada do noivo. Na segunda, três servos são confiados aos bens de seu mestre enquanto ele faz uma longa viagem. Em ambas as histórias, o noivo e o mestre demoram mais do que o esperado para retornar.

Mas apenas cinco das dez virgens levaram óleo extra para suas lâmpadas, prontas para o caso de o noivo demorar demais para retornar. E apenas dois dos três servos fizeram bom uso dos talentos do mestre, o terceiro optou por enterrar o dinheiro em vez de multiplicá-lo. Quando o noivo e o mestre voltaram, somente aqueles que estavam prontos desfrutaram da recompensa do relacionamento.

Geralmente, é durante o processo da espera que nossa fé enfraquece. Perdemos o gás, esquecemos o objeto da nossa afeição, distraímo-nos com o imediatismo mundano. E ainda assim nosso noivo está chegando, e Ele vale mais do que qualquer casa nova, emprego novo ou romance novo que possamos imaginar.

Jesus disse: "Estejam prontos para servir e conservem acesas as suas lâmpadas, como aqueles que esperam o seu senhor voltar de um banquete de casamento, a fim de que possam abrir-lhe a porta imediatamente quando ele chegar e bater. Bem-aventurados os servos cujo senhor, quando voltar, os encontrar vigiando" (Lucas 12:35-37).

Então, como podemos esperar da forma correta até que Jesus volte? Acho que a resposta está em algum lugar entre ficar nas esquinas com placas escritas com os dizeres: "O fim está próximo!" e passar nossas noites bebendo e dançando como se não houvesse amanhã. Jesus disse claramente: "Em verdade lhes digo que aquele que crê em mim fará também as obras que faço" (João 14:12).

E o que Jesus fez? Ele serviu os pobres, alimentou os famintos, confortou os doentes, fez amizade com os excluídos, defendeu os marginalizados, comungou com o Pai, discipulou seus seguidores e, aonde quer que fosse, Ele falava a homens e mulheres, velhos e jovens, ricos e pobres, religiosos e ateus, morais e imorais, judeus e gentios, sobre as boas novas que são o amor de Deus e o plano de redenção para toda a humanidade.

Esse é o nosso trabalho a cada dia que acordamos e tivermos fôlego em nossos pulmões. Prontas para qualquer coisa. Até que Jesus venha.

Cinco minutos para desenvolver sua *fé*

> Assim é com aquele que acumula tesouros para si, mas não é rico em relação a Deus. Estejam prontos para servir e conservem acesas as suas lâmpadas (Lucas 12:21, 35).

Pedro estava presente quando Jesus contou essas duas parábolas e ouviu o desafio para estar pronto. Perto do fim de sua vida, Pedro escreveu um alerta semelhante: "Amados, não se esqueçam disto: um dia com o Senhor é como mil anos, e mil anos, como um dia. O Senhor não demora em cumprir a sua promessa, como alguns julgam. Ao contrário, ele é paciente com vocês e não quer que ninguém pereça, mas que todos cheguem ao arrependimento. No entanto, o dia do Senhor virá como um ladrão. Os céus desaparecerão com um grande estrondo, os elementos serão desfeitos pelo calor, e a terra, e tudo o que houver nela, ficará exposta. Visto que tudo será destruído dessa forma, que tipo de pessoas é necessário que vocês sejam? Vivam de maneira santa e piedosa, esperando o dia de Deus e apressando a sua vinda" (2Pedro 3:8-12).

Hoje, considere sua prontidão. Na prática, como é estar pronto para o retorno de Deus? Uma maneira de tentar estar pronto é confessar e perdoar depressa. Quando cometo um erro, confesso a Deus e a quem fiz mal. Quando alguém me magoa, empenho-me para ir em direção ao perdão. Essas ações diárias ajudam-me a ficar bem com Deus e a preparar meu coração para Ele. Agora é sua vez. Peça a Deus para mover seu coração para você se antecipar e fazer essas aplicações práticas.

DIA **5**

VIVENDO NA ESPERA

Uma das maiores tensões da vida é a tensão de esperar em Deus.
— Oswald Chambers , *Hope: A Holy Promise*
[Esperança: uma promessa sagrada]

Hoje é o sábado da espera.

Alguns chamam de Sábado de Aleluia, outros de Sábado Santo. Ontem foi sexta-feira da Paixão. Amanhã é Páscoa. Mas hoje eu vivo o sábado da espera, aquele longo período entre a morte e a ressurreição, quando o céu estava em silêncio e tudo o que o mundo podia fazer era esperar.

Durante as longas trevas após a morte de Jesus, as perguntas sem respostas pairavam no ar. Na verdade, o Salvador foi silenciado. A quem nos voltamos quando aquele que deveria ter todas as respostas é silenciado?

Passei a maior parte desta manhã pensando em como deve ter sido para os discípulos e os outros seguidores de Jesus quando aquele por quem eles viviam acabou sendo morto. Por três anos, eles lentamente convenceram-se de que Ele era o Messias. Abrindo mão do bom senso, eles colocaram todos os ovos da fé na cesta de Jesus. Os membros da família os chamaram de loucos, os amigos questionaram sua sanidade, e outros os rejeitaram completamente. Ainda assim, eles escolheram seguir este homem chamado Jesus.

Não foi fácil envolver suas mentes em torno dos muitos milagres e no que estavam testemunhando de antemão. Nunca é. Ver os demônios sendo expulsos, as doenças sendo curadas, os marginalizados acolhidos, os mortos trazidos de volta à vida. Depois de três anos, o álbum de histórias deles sobre Jesus estava abarrotado com as muitas evidências de sua divindade espalhando-se. As mentes humanas não conseguiam conter as explicações da glória forjada pelo céu.

Mas então, em seu jardim favorito, muito depois do pôr-do-sol, um de seus amigos aproximou-se com uma multidão. Ele foi até seu Jesus e lhe deu um beijo. Tendo feito um acordo de tal sinal com antecedência, os membros da multidão entenderam a deixa e prenderam Jesus enquanto os discípulos boquiabertos observavam.

Espera. O quê?!

Alguns pensaram que esse era o início da revolução que endireitaria tudo. Pedro pegou sua espada.

Jesus disse-lhe para guardá-la.

Certamente seria quando Ele invocaria fogo do céu. Jesus disse-lhes que podia fazer isso, mas não faria.

Confusos e com medo, eles fugiram.

É isso que fazemos quando não entendemos. Nós fugimos.

Este é o sábado da espera. Deus não se comportou da maneira que pensávamos que Ele se comportaria. Como os discípulos, estamos sentados neste lugar de morte, enfrentando um resultado que nunca esperamos ou desejamos.

Não foi para isso que larguei tudo! Imagino os discípulos chorando. *Ele deveria nos salvar!* Eles lamentam.

Verdade.

Ele não era nada do que esperavam. Ele ainda não é. Ele é muito mais. Mas antes do mais, a espera.

A espera.

Algum dia, mas não hoje.

Nunca fui muito boa em esperar. Quando quero algo, quero logo e não depois. Aquele livro que quero escrever ou projeto que quero concluir? Quero que esteja concluído "para ontem" e impecável desde o início. Minhas habilidades como líder e palestrante? Espero que estejam totalmente desenvolvidas e sempre eficazes, sem problemas, sem perder tempo. Quero que meus filhos sejam maduros e fiéis hoje, e que meus relacionamentos sejam o que Deus os projetou para ser agora. Quero pular o processo desconfortável e chegar aos resultados eficazes.

Mas esqueço facilmente: a luta de hoje faz parte da glória futura.

Ser humano é esperar. Esperamos ser fortes o suficiente para andar. Ter idade suficiente para ficar acordado até tarde. Ter idade legal para dirigir um carro. Esperamos que o primeiro encontro se torne em um casamento, uma gravidez se torne o dia do parto, uma entrevista para transformar-se em um emprego, uma colega virar uma nova amiga. Esperamos por reuniões, por páginas da *web*, pelos resultados de exames, pelo cronômetro do forno, pelo pedido de café, ossos serem curados e entes queridos voltarem para casa. Esperamos por pedidos de desculpas, por justiça, perdão e por romance. Esperamos, e como esperamos! E não esperamos muito bem.

Então preenchemos a espera com espadas e outras coisas, aguardando que a espera seja aliviada por qualquer arma que usemos para nos distrair.

Nunca funciona tão bem quanto gostaríamos.

Começamos essa série de dez práticas com a prática do lamento, e acho apropriado que a prática da espera as encerre. "O lamento não é nossa oração final. É uma oração na espera", diz o pastor Glenn Packiam.[66] É o que proferimos, tanto em palavras quanto em silêncio, quando aguardamos no sábado da espera. Às vezes, é uma oração sem palavras geralmente cheia de lágrimas pela espera, atoladas em nossas lutas enquanto esperamos e acreditamos em uma redenção futura.

Esta é a nossa oração na espera, enquanto lamentamos o hoje e aguardamos o amanhã. Há esperança, mesmo quando todas as outras esperanças acabaram. E essa esperança está em um amor que não falha, um amor grande o suficiente para escrever uma história que fará todas as nossas histórias menores se apagarem em comparação a uma história escrita para aqueles que esperam.

Ele está vivo. Ele veio e está vindo. Ele nos encontrará esperando com os olhos no chão, presas no hoje e negligenciando o amanhã? Ou Ele nos encontrará com os olhos no céu, com a alegria estampada em nossos rostos pela volta do nosso verdadeiro amor?

Cinco minutos para desenvolver sua *fé*

> Eu, porém, confio em ti, Senhor, e digo: "Tu és o meu Deus". O meu futuro está nas tuas mãos (Salmos 31:14-15).

O que você está esperando? Um pedido de desculpas, uma proposta de casamento, um teste de gravidez positivo? Ou talvez esteja esperando um filho voltar para casa, uma cura acontecer ou uma vaga de emprego? Como Oswald Chambers disse de modo sensato: "Uma das maiores tensões da vida é a tensão de esperar em Deus".[67]

Uau. Sim. Já passei por isso. E ainda estou lá. De certo modo, cada página deste livro é sobre estar em um lugar de espera e aprender como fortalecer sua fé quando não sabemos como isso vai acabar.

Deixe-me perguntar novamente: O que você está esperando? Todos os dias vivemos no sábado da espera enquanto aguardamos para ir para o nosso verdadeiro lar. Você pode confiar que Ele está vindo? E quando Ele vier, todas as incógnitas persistentes serão resolvidas de uma vez por todas? Escreva o que você está esperando. Não tenha medo de dar voz aos anseios do seu coração. Então ore as palavras do Salmo 31:14-15 em voz alta, colocando-as nas mãos de seu Pai enquanto espera.

CONCLUSÃO

A FÉ QUE NÃO FALHARÁ

Sua fé não falhará enquanto Deus a sustentar; você não pode se desviar enquanto Deus lhe guardar.

— J. I. Packer, *Knowing God* [Conhecendo Deus]

No início deste livro, eu disse a vocês que Jesus ofereceu a Pedro dois presentes extraordinários: "Simão, Simão, eis que Satanás pediu para peneirar vocês como se faz com o trigo. Contudo, eu orei por você, para que a sua fé não desfaleça" (Lucas 22:31-32).

Um alerta. E uma promessa.

Um alerta de que a vida que ele imaginava estava prestes a virar de cabeça para baixo. O sofrimento estava bem perto e Pedro precisava estar pronto. Mas também uma promessa. Embora o mundo de Pedro estivesse prestes a desmoronar, Jesus orou antecipadamente para que ele tivesse força e fé para suportar tudo.

Mas havia um terceiro presente, escondido no final do diálogo deles. Consegue ver?

"Quando, porém, você se converter, fortaleça os seus irmãos" (v. 32).

Após o alerta e a promessa, Jesus deu a Pedro uma missão.

Sua confiança e amor por Pedro eram tão grandes que Ele o comissionou para o ministério, mesmo sabendo que ele falharia primeiro. Porque muitas vezes a única maneira de sair do fracasso e da tristeza é dar-lhes um propósito que só poderia surgir como resultado direto da dor.

Mas qual é a melhor parte da missão de Jesus?

"Quando."

Quando você voltou atrás, Pedro. *Quando.*

Quando a confiança de Pedro falhou, a confiança de Jesus prevaleceu. Acontece que Jesus estava certo.

→··←

Muito depois da ressurreição e ascensão de Jesus ao céu, Pedro escreveu sua primeira carta (1Pedro). Passei muito tempo lendo 1Pedro nos últimos anos, tentando entender a transformação de um homem cuja fé falhou no jardim do Getsêmani, mas que mais tarde serviu para liderar a igreja do Novo Testamento. O homem que vemos em Lucas 22 não é o mesmo homem que vemos na epístola de 1Pedro. O que explica uma transformação tão radical?

Pedro era um homem de contrastes acentuados. Confiante e covarde ao mesmo tempo (Mateus 14:28-31). Totalmente ciente de suas falhas (Lucas 5:8) e totalmente cego a elas (Mateus 26:33). Em um momento, ele anuncia que Jesus é "o Messias, o Filho do Deus vivo" (Mateus 16:16), e no próximo, ele o repreende (Mateus 16:21-23). Pedro era apaixonado, impulsivo, bem-intencionado, independente e desesperado. Quando Jesus o encontrou, Pedro era um simples pescador. Quando Jesus o transformou, ele era um pilar da fé. Ainda humano, mas completamente apaixonado por Jesus.

Embora algumas partes dos últimos anos de Pedro permaneçam um mistério, há fortes evidências de que ele morreu em Roma e, junto com Paulo, foi martirizado durante a notória perseguição de Nero aos cristãos em 64 d.C. De acordo com uma forte lenda, Pedro foi preso e condenado à morte por crucificação. Sentindo-se indigno de morrer da mesma morte que seu Salvador, ele pediu para ser crucificado de cabeça para baixo. Soa como ele.[68]

"Bendito seja o Deus e Pai do nosso Senhor Jesus Cristo!", Pedro escreveu. "Conforme a sua grande misericórdia, ele nos regenerou para uma esperança viva, por meio da ressurreição de Jesus Cristo dentre os mortos, para uma herança que jamais poderá perecer, macular-se ou desvanecer. Essa herança está guardada nos céus para vocês, que, mediante a fé, são protegidos pelo poder de Deus até chegar a salvação que está prestes a ser revelada no último tempo" (1Pedro 1:3-5).

"Conforme a sua grande misericórdia", disse Pedro. Sim, exatamente. Não foi o mérito que salvou Pedro, mas a misericórdia.

Dois livros do Novo Testamento antes de 1Pedro fica o livro de Hebreus. E escondido neste livro está a definição da fé à qual sempre retorno quando preciso de um lembrete: "Ora, a fé é a confiança daquilo que esperamos e a certeza das coisas que não vemos. Pois foi por meio dela que os antigos receberam bom testemunho" (Hebreus 11:1-2).

Após trinta e oito versículos depois desses dois primeiros, o autor de Hebreus faz uma lenta caminhada pela galeria da história bíblica, catalogando muitos homens e mulheres que viveram pela fé há muito tempo antes de nós. Abel. Enoque. Noé. Abraão. Sara. Jacó. José. Moisés. Raabe. Gideão. Davi. Samuel. É uma coleção estranha de humanos cheios de erros e complicados. Homens e mulheres como Pedro, como você e eu.

Além daqueles nomeados no capítulo 11, muitos outros permanecem sem nome, mas sem que a fé fosse menor.

"Uns foram torturados", lembra o escritor, "recusaram-se a ser libertos, para alcançar uma ressurreição superior. Outros enfrentaram zombaria e açoites; outros, ainda, foram acorrentados e colocados na prisão, apedrejados, serrados ao meio, postos à prova, mortos à espada. Andaram errantes, vestidos de pele de ovelhas e de cabras, necessitados, afligidos e maltratados. O mundo não era digno deles. Vagaram pelos desertos e montes, pelas cavernas e grutas da terra. Todos estes receberam bom testemunho por meio da fé" (v. 35-39).

Como eu, esses outros não foram poupados do sofrimento nem receberam o cumprimento da promessa. Mesmo assim, eles creram.

Quando leio as palavras de Hebreus capítulo 11 — e as leio com frequência — encontro coragem para minha complicada jornada de fé. Não ando sozinha. Sigo os passos de muitos outros fiéis, homens e mulheres que, como Pedro e como eu, lutaram pela fé. Com as orações de Jesus enchendo as velas de seus barcos, eles terminaram bem.

Eu me esforço para ouvir o eco de suas vozes, animando-me enquanto tento fazer o mesmo. Imagino esses fiéis comuns, transformados pelas orações e pela presença de Deus, alinhando-se ao lado da minha corrida, incentivando-me a prosseguir. Eu me inclino, precisando do encorajamento de suas histórias.

Você consegue ouvi-los?

"Portanto, também nós, uma vez que estamos rodeados por tão grande nuvem de testemunhas, livremo-nos de tudo o que nos atrapalha e do pecado que nos envolve e corramos com perseverança a corrida proposta para nós tendo os olhos fitos em Jesus, autor e consumador da nossa fé" (12:1-2).

Um alerta. Uma promessa. E uma missão.

Enquanto estou aqui com estas páginas finais de *Mulheres inabaláveis*, estou há sete anos do meu mais recente diagnóstico e tratamento de câncer. Não passou despercebido o milagre que é a minha vida. Eu não deveria estar viva.

Além disso, um ano inteiro se passou desde que comecei a escrever este livro. Mais da minha corrida foi feita enquanto eu preenchia estas páginas. E enquanto olho para trás e considero as muitas circunstâncias difíceis que permanecem sem solução, sou assombrada por uma pergunta.

Eu ainda creio? Depois de tudo, ainda creio no que escrevi?

Embora eu faça o meu melhor para escrever de um lugar de autenticidade e verdade, ainda há partes da minha história que não posso compartilhar. De certa forma, as histórias não ditas são as mais dolorosas. Elas são as mortes lentas e crônicas que minam minha força. O ano passado não foi uma exceção. Enquanto eu explorava cada uma dessas práticas, minha fé foi testada mais uma vez. E eu precisava dessas páginas para mim.

Ainda é muito cedo para saber como as coisas vão acabar, e isso me deixa contemplativa e lúcida. Estou presa no limbo do que é e do que será, sem saber o resultado. Eu creio que Deus é bom, mesmo estando aqui? Eu creio que vale a pena segui-lo e acreditar nele, sem nenhuma garantia de um final feliz? Eu confio nele o suficiente para me agarrar nele, mesmo que eu perca tudo?

Se você espera uma resposta rápida, ainda não entendeu a extensão ou o custo do sofrimento.

Michele, Michele, Satanás pediu para peneirar você como trigo.

O inimigo da minha fé lutou ferozmente para me destruir – mente, coração, corpo e alma. Ele ainda luta. Eu sinto isso. Uma amiga entrou em contato comigo alguns dias atrás para saber como eu estava. Pedi-lhe para orar: "Por favor, ore para que Jesus me encontre sendo fiel a Ele". Ela orou e vai orar, eu sei disso. Mas antes que ela orasse pela minha fé, acredito que meu Jesus intercedeu.

Por um puro milagre da graça, continuo convencida das boas novas do evangelho. Acredito que Deus é real, Ele é bom e está comigo. Mesmo assim, suspeito – Deus me ajude – que a peneiração ainda não esteja completa. Há momentos em que me pergunto: se Jesus tivesse se sentado comigo à mesa da Páscoa e, como fez com Pedro, chocado meu idealismo ao me avisar que minha vida seria cheia de sofrimento, eu teria dado ouvidos?

Duvido.

Como Pedro, eu teria respondido com uma arrogância ingênua, fazendo promessas que ainda não estava preparada para cumprir: "Senhor, estou pronto para ir contigo tanto para a prisão como para a morte" (Lucas 22:33).

Só que eu não estava. Eu não estava pronta de jeito nenhum.

Ao longo dos meus anos de sofrimento, o orgulho espiritual e a vanglória foram lentamente mortos pela dolorosa consciência da minha fragilidade. Ao contrário de Pedro, minhas dúvidas e negações não surgiram no Getsêmani ou enquanto Jesus estava sendo julgado. Pelo contrário, as minhas encontraram voz em quartos de hospital, consultórios de aconselhamento e na escuridão do meu próprio quarto.

Então, mais uma vez, retorno a Pedro, aquele que sabe sobre o que é peneirar, duvidar e o Jesus que nem sempre liberta: "Estejam alertas e vigiem. O Diabo, o adversário de vocês, ronda como um leão, rugindo e procurando a quem devorar. Resistam-lhe, permanecendo firmes na fé, sabendo que os irmãos que vocês têm em todo o mundo estão passando pelos mesmos sofrimentos. O Deus de toda a graça, que os chamou para a sua glória eterna em Jesus Cristo, depois de vocês terem sofrido por pouco tempo, os restaurará, os confirmará, os fortalecerá e os porá sobre firmes alicerces. A ele seja o poder pelos séculos. Amém" (1Pedro 5:8-11).

Ontem, as mídias me lembraram de uma postagem que escrevi há sete anos detalhando meu estado físico frágil, minha incapacidade de comer, beber ou cuidar de mim mesma de maneiras básicas e meu desânimo sombrio naquele lugar de terrível dor física e espiritual. Eu era uma mãe com quatro dos meus seis filhos ainda em casa e um corpo atlético de 1,70 metro que pesava menos de 52 quilos. Eu tinha uma sonda de alimentação, uma traqueostomia não cicatrizada, consultas médicas diárias e soro intravenoso, e uma fé que era tão frágil quanto meu corpo.

Mesmo assim, este ano, completei 51 anos de idade. Meu cabelo está cem por cento grisalho, embora você não saiba disso pelas habilidades do meu fantástico cabeleireiro. Houve um tempo em que eu não achava que viveria para ver meus quarenta anos. E ainda assim aqui estou, para a surpresa de todos. A vida que eu vivo continua cheia de desafios: físicos, emocionais, relacionais. Eu gostaria de poder dizer que ficou mais fácil com o tempo, mas não ficou. Muito pelo contrário. Mesmo assim, várias vezes por ano eu viajo pelos Estados Unidos falando para auditórios cheios de homens e mulheres que querem acreditar que vale a pena crer e seguir Jesus. Cada vez, meu sofrimento diminui.

Um alerta. Uma promessa. E uma missão.

Embora minha dor não tenha sido poupada, minha fé foi. Essa fé ressuscitada agora permite-me entrar com homens e mulheres que, como eu, encontram-se em histórias sombrias cheias de sons do medo e do fracasso. Assim como os homens e mulheres de Hebreus capítulo 11 fizeram por mim, agora eu alinho o caminho de suas histórias e brado sobre um Salvador que os ama e ora por eles também.

Mas foi preciso uma fé cuja chama quase se apagou para superar.

Apesar de nossas melhores tentativas de evitar, a dor e o sofrimento irão continuar. A injustiça ficará inabalável. O mal encontrará novas maneiras de trazer a dor, a doença e a guerra entre países e dentro das famílias. As perguntas permanecerão sem respostas.

É o jeito das coisas deste lado do céu.

Mesmo depois de todo esse tempo, às vezes ainda consigo esquecer as apostas eternas na pressão das apostas temporais. Devo me lembrar, assim como você, que o que está em jogo não é o diagnóstico ou a dívida, o relacionamento que deseja ou o casamento do qual não poderia viver sem ele, a carreira ou o filho ou o sonho pelo qual implorou a Deus por tanto tempo.

Não se deixe enganar: há uma guerra espiritual sendo travada agora, uma que tem o território da sua alma no centro.

"Mas aquele que perseverar até o fim será salvo" (Mateus 24:13; Marcos 13:13).

Antes de sua morte em 31 de janeiro de 1892, o pregador batista Charles Haddon Spurgeon serviu durante trinta e oito anos no ministério em Londres, Inglaterra; e pregou quase 3.600 sermões e escreveu dezenas de comentários, ilustrações e devocionais sobre sua segurança no evangelho.[69] Muitas manhãs, antes do sol e minha família se levantarem para enfrentar um novo dia, sento-me na velha cadeira de couro em meu escritório fora de Denver, Colorado, mais de cem anos depois, com minha Bíblia, um caderno e uma das coleções de devocionais do Spurgeon. Um trecho em particular eu destaquei mais de uma vez, porque ele captura minha esperança enquanto sofro com os muitos medos e dores desta vida enquanto espero, com os olhos no horizonte, pela chegada da próxima vida:

> As alegrias do céu certamente compensarão as tristezas da terra. Temores, calem-se! Este mundo é apenas um vão estreito, e logo vós passá-lo-eis. Dúvidas, calem-se, calem-se! A morte é apenas um riacho estreito e logo vós passá-lo-eis. O tempo, quão curto – a eternidade, quão longa! A morte, quão breve – a imortalidade, quão infinita! A estrada é tão, tão curta! Em breve estarei lá.[70]

Temores, calem-se! Logo estarei lá.

Por enquanto, porém, vivo fraca de corpo e coração, mas forte na fé. Estou cercada por uma nuvem de testemunhas. Animada pelas suas histórias de fé, peço a Jesus que me ajude a viver bem a minha história. E peço a Ele que ajude você a viver bem a sua também.

Alguns anos atrás, quando eu ainda estava profundamente imersa no processo de cura e aprendendo a viver novamente, ouvi Jill Briscoe, pregadora do evangelho e missionária para jovens problemáticos, pregar em uma conferência de mulheres. Se eu a tinha ouvido pregar antes daquele dia, não consigo me lembrar. Mas naquele dia, as palavras de Jill marcaram-me, tornando-se mais uma voz na nuvem de testemunhas, lembrando-me de correr bem minha corrida. Logo depois, escrevi suas palavras dentro da capa da minha Bíblia. E frequentemente as releio quando preciso lembrar.

Deixo as palavras dela com você, as palavras que continuam me pressionando em direção ao fim e para ter uma fé que não falhará: "Você vai para onde é enviada. Você fica onde é posta. E você dá o que tem. Até o dia de sua morte. Todo o percurso para casa".[71]

Um alerta. Uma promessa. E uma missão.

"Àquele que é poderoso para protegê-los de tropeçar e apresentá-los sem mácula e com grande alegria diante da sua glória, ao único Deus, o nosso Salvador, sejam glória, majestade, poder e autoridade, por meio de Jesus Cristo, o nosso Senhor, antes de todos os tempos, agora e para todo o sempre! Amém" (24-25).

Agora, àquele que é poderoso.

Todo percurso para casa, amigas. Todo o percurso para casa.

> Portanto, também nós, uma vez que estamos rodeados por tão grande nuvem de testemunhas, livremo-nos de tudo o que nos atrapalha e do pecado que nos envolve e corramos com perseverança a corrida proposta para nós, tendo os olhos fitos em Jesus, autor e consumador da nossa fé. Ele, pela alegria que lhe fora proposta, suportou a cruz, ao desprezar a vergonha, e assentou-se à direita do trono de Deus. Pensem bem naquele que suportou tal oposição dos pecadores contra si mesmo, para que vocês não se cansem nem desanimem (Hebreus 12:1-3).

NOTAS

1. Para mais detalhes do relato do trauma geracional na fé de meu pai e na minha, meu terceiro livro *Relentless: The Unshakeable Presence of a God Who Never Leaves* retrata a jornada complicada e de redenção da fé para nós.
2. John Newton, "Amazing Grace! (How Sweet the Sound)" (1779), Hymnary, https://hymnary.org/text/amazing_grace_how_sweet_the_soun.
3. Jennifer Wilken (@jenniferwilken), "Spiritual disciplines nurture steadfastness," Twitter, 16 de outubro de 2022, https://twitter.com/jenniferwilkin/status/1581852538340405249?s=4&t=UlLe20I48LwO8Y0npt1sng.
4. Para contextualizar, o aviso de Isaías aqui é dirigido a Acaz, rei de Judá, em uma época em que a Síria planejava atacar. De acordo com o versículo 2: "o coração de Acaz e o do seu povo agitaram-se, como as árvores da floresta se agitam com o vento". Embora o alerta de Isaías tenha sido dirigido a Acaz e seu povo para lidar com o medo, podemos fazer uma aplicação semelhante em nossos momentos de pânico e medo.
5. Nos primeiros onze versículos do capítulo 10, Paulo inclui uma recapitulação abreviada da difícil história de Israel, incluindo sua luta contínua para permanecer fiel a Deus, apesar de sua presença visível e provisão diária. Assim, Paulo enfaticamente adverte os crentes de Corinto sobre a vulnerabilidade, independentemente do quanto pensam ser devotos. Faríamos bem em considerar o mesmo.
6. Timothy Keller, *The Reason for God: Belief in an Age of Skepticism* (New York: Dutton, 2008), 234.
7. Dr. Glenn Packiam, *Five Things to Know about Lament*, N. T. Wright Online, março/abril 2020, www.ntwrightonline.org/five-things-to-know-about-lament/.
8. Merriam-Webster Dictionary, s.v. "lamento," www.merriam-webster.com/dictionary/lament.
9. "Book of Jeremiah," Bible Study Tools, www.biblestudytools.com/jeremiah/.

10. N. T. Wright, "Christianity Offers No Answers about the Coronavirus. It's Not Supposed To", *Time*, 29 de março de 2020, https://time.com/5808495/coronavirus-christianity/.

11. Michelle Reyes, "Lament Is a Declaration of Hope", *(in)courage*, 11 de maio de 2022, https://incourage.me/2022/05/lament-is-a-declaration-of-hope.html.

12. Dan B. Allender and Tremper Longman III, *Cry of the Soul: How Our Emotions Reveal Our Deepest Questions about God* (Colorado Springs: NavPress, 2015), x.

13. Philip Yancey, *What Good Is God? In Search of a Faith That Matters* (New York: Hachette, 2010), 26.

14. Wright, "Christianity Offers No Answers about the Coronavirus.

15. "Jesus Laments over Jerusalem," Ligonier Ministries, 16 de outubro de 2008, www.ligonier.org/learn/devotionals/jesus-laments-over-jerusalem.

16. Michele Cushatt, *I Am: A Sixty-Day Journey to Knowing Who You Are because of Who He Is* (Grand Rapids: Zondervan, 2017), 66.

17. Michelle Ami Reyes, "Three Ways to Practice Corporate Lament," *Small Steps* (newsletter), fevereiro de 2022, https://mailchi.mp/20b9c6bb5 cc8/is-lament-a-regular-rhythm-in-your-church?e=02e7d074ad.

18. C. S. Lewis, *The Weight of Glory* (New York: Harper Collins, 1949), 43-44.

19. Scott Sauls, Instagram, 13 de agosto de 2022, www.instagram.com/p/ChO IkYRshr-/?utm_source=ig.

20. Charles H. Gabriel, "I Stand Amazed in the Presence" (1905), Hymnary, https://hymnary.org/text/i_stand_amazed_in_the_presence.

21. Mark Buchanan, *The Rest of God: Restoring Your Soul by Restoring Your Sabbath* (Nashville: Thomas Nelson, 2006), 175.

22. Joseph Hamrick, "Something to Consider: Hard Truth: 'I Am Capable to Do This,'" *Herald Banner*, 17 de January de 2021, https://www.heraldbanner .com/news/lifestyles/something-to-consider-hard-truth-i-am-capable-to -do-this/article_9adbc666-56a5-11eb-9fcd-4360fc865f7e.html.

23. Miroslav Volf, *Exclusion and Embrace: A Theological Exploration of Identity, Otherness, and Reconciliation* (Nashville: Abingdon, 1996), x.

24. Brennan Manning, *Abba's Child: The Cry of the Heart for Intimate Belonging* (Colorado Springs: NavPress, 2015), 25-26.

25. Manning, *Abba's Child*, 26.

26. Andrew Murray, *Humility and Absolute Surrender* (Cedar Lake, MI: ReadaClassic.com, 2010), 11.

27. Brother Lawrence, *The Practice of the Presence of God* (New Kensington, PA: Whitaker House, 1982), 15, 16-17.

28. Dallas Willard, *Hearing God: Developing a Conversational Relationship with God* (Downers Grove, IL: InterVarsity Press, 2012), 53.

29. Murray, *Humility*, 6.

30. "Our Covenant," Maclellan.net, https://maclellan.net/our-covenant.

31. "Our History," Maclellan.net, https://maclellan.net/our-history.

32. Thomas Maclellan, "A Wholehearted Covenant," Renovaré, https:// renovare. org/articles/a-wholehearted-covenant.

33. Lawrence, *Practice of the Presence of God*, 21.

34. Lawrence, *Practice of the Presence of God*, 30.

35. Timothy J. Keller, "The Man in the Furnace" (sermão), Daniel: Living by Faith in a Secular World (série), Gospel in Life, 7 de maio de 2000, www.GospelinLife.com.

36. Buchanan, *The Rest of God: Restoring Your Soul by Restoring Your Sabbath*, 67-68.

37. Warren Baker, Tim Rake, and David Kemp, *Hebrew-Greek Key Word Study Bible, New International Version*, exec. ed. Spiros Zodhiates (Chattanooga, TN: AMG Publishers, 1996), 329.

38. Baker, Rake, and Kemp, *Hebrew-Greek Key Word Study Bible*, 2328.

39. Tony Evans (@drtonyevans), "Forgiveness is not pretending like it didn't happen or it didn't hurt," Twitter, 2 de maio 2022, www.instagram.com/p/ CdD9dceujbX/.

40. Leslie Allen, "Shalom as Wholeness: Embracing the Broad Biblical Message," *Fuller* 9 (2017): 40, https://fullerstudio.fuller.edu/Shalom-as-wholeness-embracing-the-broad-biblical-message/.

41. Baker, Rake, e Kemp, *Hebrew-Greek Key Word Study Bible*, 1645.

42. Jamie Arpin-Ricci, *Vulnerable Faith: Missional Living in the Radical Way of St. Patrick* (Orleans, MA: Paraclete, 2015), x.

43. Baker, Rake, e Kemp, *Hebrew-Greek Key Word Study Bible*, 1213.

44. Henri J. M. Nouwen, *The Wounded Healer: Ministry in Contemporary Society* (New York: Doubleday, 1972), 21.

45. Watchman Nee, *Sit, Stand, Walk* (Carol Stream, IL: Tyndale, 1977), 2-3.

46. Jer Swigart, "Embodied Shalom: Making Peace in a Divided World," Fuller Studio, n.d., https://fullerstudio.fuller.edu/embodied-Shalom-making-peace-in-a-divided-world, accessed September 29, 2022.

MULHERES INABALÁVEIS

47. Swigart, "Embodied Shalom".
48. Bryan Stevenson, *Just Mercy: A Story of Justice and Redemption* (New York: Spiegel e Grau, 2014), 18.
49. Henri J. M. Nouwen, *You Are the Beloved: Daily Meditations for Spiritual Living* (New York: Convergent Books, 2017), 12 de fevereiro.
50. Merriam-Webster Dictionary, s.v. "reconcile," www.merriam-webster.com/dictionary/reconcile.
51. Ten Boom, *Hiding Place*, 215.
52. As últimas informações publicadas sobre o acesso à água potável foram publicadas em 2019 pela WHO e UNICEF, extraído dos dados de 2017: "Global LAVAR Jeju Fato," Centros de Controle e Prevenção de Doenças, última revisão em 31 de maio de 2022, www.cdc.gov/saudável/global/wash_statistics.html.
53. Stephen Salter, "What Dictates the Frequency of Waves?" Naked Scientists, 13 de setembro de 2019, www.thenakedscientists.com/articles/questions/what-dictates-frequency-waves.
54. "World Bank and WHO: Metade do mundo não tem acesso a serviços essenciais de saúde," Organização Mundial da Saúde, 13 de dezembro de 2017, www.who.int/news/item/13-12-2017-world-bank-and-who-half-the-world-lacks-access-to-essential-health-services-100-million-still-pushed-into-extreme-poverty-because-of-health-expenses.
55. "Unemployment by Country 2022," World Population Review, https://worldpopulationreview.com/country-rankings/unemployment-by-country.
56. Glenn Phelps and Steve Crabtree, "Worldwide, Median Household Income about $10,000," Gallup, December 16, 2013, https://news.gallup.com/poll/166211/worldwide-median-household-income-000.aspx.
57. Barbara Brown Taylor, *Learning to Walk in the Dark* (New York: HarperOne, 2014), 5.
58. Buchanan, *Rest of God*, 71.
59. Miroslav Volf, *Free of Charge: Giving and Forgiving in a Culture Stripped of Grace* (Grand Rapids: Zondervan, 2005), x.
60. Michele Cushatt, *Relentless: The Unshakeable Presence of a God Who Never Leaves* (Grand Rapids: Zondervan, 2019), 123-24.
61. Dietrich Bonhoeffer, *Life Together: The Classic Exploration of Christian Community* (New York: HarperOne, 1954), 99.
62. Baker, Rake, e Kemp, *Hebrew-Greek Key Word Study Bible*, 3656.

63. "Notable Graduates: James B. Stockdale," United States Naval Academy, www.usna.edu/Notables/featured/10stockdale.php.

64. Jim Collins, *Good to Great: Why Some Companies Make the Leap and Others Don't* (New York: HarperBusiness, 2001), 83-87.

65. Kathi Lipp, *Ready for Anything: Preparing Your Heart and Home for Any Crisis Big or Small* (Grand Rapids: Zondervan, 2020).

66. Packiam, "Five Things to Know about Lament".

67. Oswald Chambers, *Hope: A Holy Promise* (Grand Rapids: Discovery House, 2015), 62.

68. Encyclopedia of the Bible, s.v. "Pedro, Simão," www.biblegateway.com/resources/encyclopedia-of-the-bible/Simon-Peter.

69. Phillip Ort, "Who Is Charles Haddon Spurgeon?" Spurgeon Center for Biblical Preaching at Midwestern Seminary, June 6, 2018, www.spurgeon.org/resource-library/blog-entries/who-is-charles-haddon-spurgeon/.

70. Charles Spurgeon, "January 29," in *Morning and Evening: A Devotional Classic for Daily Encouragement* (Peabody, MA: Hendrickson, 1991), 58.

71. Jill Briscoe, IF: Gathering 2017, 7 de fevereiro de 2017.

Sua opinião é importante para nós.
Por gentileza, envie-nos seus comentários pelo e-mail:

editorial@hagnos.com.br